「高齢者差別」この愚かな社会

虐げられる「高齢者」にならないために

和田秀樹

詩想社
―新書―

まえがき◎高齢者を平気でバッシングする日本社会

「いまの政治は、票になる年寄りのほうばかり向いていて、若い人のことを考えていない」というような意味の言辞をテレビなどのマスコミから聞くことは少なくありません。

この言辞に私は、二つの問題を感じます。

一つは、国の財政の不備が高齢者のせいにされるということです。

たしかに公立の高校までの教育の無償化はある程度、実現されましたが、かつてと比べ物にならないほど国立大学の授業料も高くなっているのに、大学以降の公的な奨学制度は先進国のなかでも、アメリカなどを除けば最も貧弱なものであるなど、若者が恵まれていないということは事実としてあるでしょう。

それは高齢者が増え過ぎて、福祉に金がかかるから、若い人に金を回せないというふうに説明されます。そして、その説明に多くの人が納得します。

しかし、現在の国の財政赤字や膨大な借金は、高齢者がいまほど多くなかった時期から積みあがってきたものであり、主に公共事業などによるものです。本文で説明しますが、高齢者の福祉にかかる金はそんなに多くありません。たしかに年金などは莫大な金が必要ですが、これも税金から賄われるお金はそれほど多くなく、社会保険料として給与などから引かれた金額が使われています。

人口の高齢化や減少で車の数が減り始めているのですから、道路予算などから回せる金があるはずなのに、若者に対する制度の不備を高齢者のせいにしてしまうところがこの国にあるように思えてなりません。

もう一つは、若者はメディア（インターネットも含めて）を通じて声を上げることができるのに、高齢者は自分から声を上げない、上げづらいということがあります。

たとえば、保育園の不足で働けない女性の話題は年中報じられますが、それよりはるかに多い数で、特別養護老人ホームに入居できないために、仕事を辞めざるを得ない女性のことが話題になることはあまりありません。寝たきりや認知症で一人暮らしのために特別養護老人ホームに入居しないと生きていけない人が、数多く入居待ちをしていても話題にならないのに、親が働けないだけで、生存には影響がない（むしろ親と一緒にいてもらえる）保育園の待機児童の話題は途切れることがありません。保育園の待機児童は4万〜5万人と推定されているのに、特別養護老人ホームの入居待ちは50万人以上います。それでも、このような扱いなのです。

これも保育園の待機児童の親たちは声を上げることが多いのに、高齢者や介護する家族（ホームに親を入れると非難されることがいまだに珍しくありません）が声を上げにくいためと考えるのは私だけでしょうか？

私は長年の高齢者専門の精神科医としての経験から、このような、何でも高齢者のせいにするとか、声が出せないことをいいことに高齢者を叩く、高齢者差別としか言いようがないものをしょっちゅう経験しています。

最近でいえば、若者より事故率が低いのに高齢者の自動車運転が危険視され、免許を取り上げようとするのがその一例です。

このような差別のため、高齢者の命を脅かすような事態も起こりつつあります。

寝たきりや認知症になってまで高度な（それがどんどん拡大解釈され、抗生物質を使うようなことまで含まれるようになっています）医療は必要ないだとか、意識のない（意識がないから苦しみも感じません）高齢者の末期の治療は、「本人が（どうやって本人の意志を知るのでしょう）かわいそうなので、やめるべきだ」などといった意見が頻繁に見受けられるようになり、高齢者の命が非常に軽いものに扱われるようになったと思えて仕方ありません（もちろん、高齢者には薬を出しすぎなところもあり、減らすべきというのは私も同意見ですが、それはそのほうが延命やQOLの高進につながるからなので話は別です）。

著名人などの、認知症になったら殺してほしいという発言が大手を振ってまかり通っていたりもします。たしかに元気なときは、寝たきりや認知症になってまで生きていたくないと思うのは当然のことですが、私の臨床経験では、寝たきりや重度の認知症になっても、人は生きていたいようですし、少なくとも治療には感謝されます。たまに死にたいとか生きていても仕方ないと言う人もいますが、多くはうつ病を患っておられて、その治療がうまくいくと生きていたいとおっしゃってくれます。

そういうことで本書は私が、経験上許せないと思った高齢者差別について思ったまま書かせていただきました。

そして、それに対して高齢者やその予備軍に何ができるかも考えてみました。なかには過激な意見や、批判を受けるような意見もあるでしょう。しかし、世間で流布している意見だけでなく、こういう考え方もあり得ると知ってほしいと思ってあえて書きました。すべてに納得してもらえなくても考えるきっかけにしていただければ、著者として幸甚このうえありません。

和田秀樹

「高齢者差別」この愚かな社会◎目次

第2章

日本社会に横行する高齢者による高齢者バッシング

第3章 「嫌老社会」の行きつく先とは?・〜『相続税一〇〇パーセント論』

第4章

気づかずにしていた認知症への誤解

第5章 被差別「高齢者」にならないために

構成／西尾志保
校正／萩原企画

第１章

高齢者を邪魔者扱いし差別する異様な社会

高齢ドライバー問題に垣間見える日本社会の老人差別

世界には人種や性、学歴や収入などを理由にしたさまざまな差別が存在していますが、日本においていま、もっとも差別されている存在は誰かと言えば、私は「高齢者」である、と考えています。ただ年を取っているというだけで、不当に扱われ、さまざまな不利益を被っているのが、日本の高齢者たちです。

二〇一六年以降、高齢者が運転する自動車が暴走し、コンビニや病院に突っ込んだり、歩道に乗り上げて死傷者を出す事故が何件か起こりました。これを受けて、「高齢ドライバーによる事故」が、ニュースやワイドショーで連日取り上げられ、社会問題化したのは記憶に新しいところです。

高齢ドライバーから免許を取り上げるような風潮が高まり、高齢者の免許自主返納や、免許更新時の制度変更の議論が盛り上がりました。まさにこの一連の経緯こそ、現代日本の「高齢者差別」の典型例だと私は感じています。

高齢ドライバーの暴走事故の原因としてよく挙げられるのが、「ブレーキとアクセルを踏み間違えた」というものですが、このような報道を聞くと、「ブレーキとアクセルを間違えるなんて、相当ボケているのでは」と感じた人も多いでしょう。

しかし、専門医の立場から言わせてもらえば、認知症が原因でブレーキとアクセルを間違えるということはほぼあり得ないと言えます。たとえば、五分前のことを忘れるようなある程度進んだ認知症の高齢者であっても、スプーンと箸の区別がつかなくなる人はいません。スプーンと箸の区別がつかないというのは重度な高齢者ですから、運転そのものができません。つまり、自動車を運転することができる高齢者（軽度認知症の人を含めて）は、介護を必要としない自立した高齢者ですから、アクセルとブレーキの区別がつかなくなるといったことは確率的にほぼゼロなのです。踏み間違えたというのであれば、それはアクセルとブレーキの区別がつかなかったからではなく、慌てたからでしょう。

慌ててミスをするのは、高齢者だけではありません。高齢者のほうが多少その確率は高いかもしれませんが、若い人だろうと、男性だろうと、女性だろうと、慌てるとミスをしやすくなるものです。

しかし、メディアは、年を取ったからこのような事故を起こすのであって、高齢者を「事故を起こしやすい厄介な存在」として扱おうとし、その情報を受け取る人たちも、「高齢者だから仕方がない」と納得し、あっという間にそのような理解が広がってしまいます。

しかし、事実はそのようなことではないのです。本当に高齢ドライバーが交通事故を頻発させているのか、実際の統計データに当たってみると、まったく異なった真実が見えてきます。

警察庁交通局発表の「平成二八年（二〇一六年）における交通事故の発生状況」によると、免許保有者一〇万人当たりの交通事故件数でずば抜けて多いのは、一六～一九歳の年齢層で約一八〇〇件、次に多いのが二〇～二九歳の約九〇〇件で、三番目が八〇歳以上の約七〇〇件なのです。あとの年齢層は約五〇〇件ぐらいで横並び状態です。

つまり八〇歳以上の高齢者でも、交通事故を起こす割合は、一六〜一九歳、二〇〜二九歳の次の三番目で、七〇代ということで言えば、ほぼ他の年代と同レベルです。

さらに、アクセルとブレーキの踏み間違い事故ということで言えば、たしかに高齢になると件数が増えているのは事実ですが、全ての年代で起こしていますし、そもそも全事故件数に占めるペダルの踏み間違い事故の割合は、じつに一パーセントほどしかないのです。

つまり、メディアは、高齢者がごくたまに起こした事故を、衝撃的で話題性が高いという理由で、あたかもそれが頻発しているかのごとく好んで報道していると言えるのです。高齢者がまた事故を起こしたとなればニュースになりますし、注目も集まるので、そのような風潮がどんどんつくられていくのです。

本来、若い人たちの事故が圧倒的に多いのであれば、免許証の交付年齢を引き上げる等の議論が出てもおかしくないと思いますが、そうはならずに高齢者から免許を取り上げる話だけが話題になるのはおかしな話です。

現在行われている運転免許証の更新手続きにも、高齢者に対する不当な扱いが見られます。免許証更新の際に、七〇歳以上の人は「高齢者講習」を受けなければいけませんし、七五歳以上の人は高齢者講習の前に「講習予備検査（認知機能検査）」というテストを受けることが義務づけられているのですから、高齢者だけが不公平な立場にあると言えます。

「高齢になったら危ないから運転免許を取り上げてもいいだろう」と簡単に言う人もいますが、田舎の場合は移動手段がなくなると自由に買い物もできなくなり、家にこもりがちになって、二〜三年もすれば要介護状態になったり、あるいは認知症のような状態になったりする可能性が高くなるのです。

免許証を取り上げるということが、このように地方の高齢者にとっては死活問題であるにもかかわらず、高齢ドライバーへの、データなど客観的裏づけのない不当なバッシングがまかり通っています。そこには、「高齢者だから」ということで安易に納得し、そしてときに無意識にバッシングしてしまう私たちの社会の構造や、私たちそれぞれの心のあり方も大きく影響しています。

いま、このような高齢者差別は、運転免許の例のみならず、日本社会に蔓延していると私は考えています。本書ではそのような高齢者へのさまざまな差別の事例とともに、それを許してしまう日本社会の構造についても解き明かしてみたいと考えています。

高齢者というだけで、実は医療現場でも差別される

医療現場においても、高齢者は不当な差別にさらされていると言えるでしょう。高齢者が病院に行くと、医者から「治りませんよ」と言われることが増えるものです。もちろん腰が痛いとか、膝が痛いといったことが、加齢によってなかなか治らないということは事実なのですが、そうではないケースまで、「年のせい」で片づけられてしまうことがあるのです。

これは主に、医者が無知なゆえに起こる、高齢者への差別、先入観のようなものと言えるでしょう。

一例を挙げれば、お年寄りの物忘れがひどくなったり、着替えをあまりしなくなったりした場合、これらは認知症の可能性もありますが、うつ病の症状でもあるの

で、本来、医者は治療すればよくなるうつ病を疑ってもいいはずなのです。ところがこれを「ボケが進んだ」と判断してしまい、「年だから仕方がありませんよ」と言って、適切な治療がなされないということが起こります。

うつ病の症状に、中途覚醒と言って、夜中に何度も起きるという症状がありますが、それも、医者自身が「年だから仕方がない」ととらえてしまうケースがあります。しかし、先週までぐっすり眠れていたのに、急に夜中に何回も起きるようになったとしたら、本来はうつ病の可能性のほうが高いのです。にもかかわらず、「年を取ったら夜中に何度も目覚めるものだ」と思い込んでいる医者が多いのです。

「せん妄」といわれる意識障害の場合は意味不明なことを言ったりしますが、認知症でも意味不明なことを言ったりするので、これも「ボケたんだな」と判断してしまう医者が少なくありません。意識障害であれば、薬や環境の調整によって改善される可能性があるのです。

このように、高齢者でも治るはずの症状や病気が、医者の無知によって、「年だから仕方ない」と片づけられ、治らないとされることがあるのです。

本来であれば、医療の先端を行くはずの大学病院の医者たちからこうした状況を改善しようという声が上がってもいいはずですが、全くそんな兆候もありません。

多くの人は、私たちのような臨床医よりも、大学病院の医者、特に教授といわれる人たちの言うことのほうが正しいと思うものです。ところが実際は、老年医学の権威といわれる大学病院の教授のほうが老人の実態を知らないのです。

なぜなら彼らは、大学病院に通って来られるような元気なお年寄りしか診ていないからです。寝たきりの老人や、八〇歳、九〇歳を超えて病院まで来ることができないような高齢者たちを診てはいないのです。また環境因で病状が悪化することは珍しくないのですが、往診に行ったことのある大学教授もほとんどいないでしょう。

ですから、そういう老年医学の権威とされる大学教授（日本の場合は、高齢者医療の政策のアドバイザーになったり、高齢者医療についての指導をしているのですが）が仕切っている老年医学会などに行っても、認知症と間違えやすい病気などについてのセミナーなどはほとんどないのです。そのために、一般の医者たちの高齢患者への無知、無理解の状況は改善されることがありません。

　またもっとひどい差別としては、入院治療において、お年寄りにわざと医療を行わないというケースもあります。

　たとえば、寝たきりの高齢者が肺炎になったとしても、「点滴していったんは肺炎が治るかもしれませんが、それは単なる延命治療にしかなりません」というような言い方をして、治療をしないことを勧めるのです。なぜなら、長期入院になればなるほど保険の点数が下がったり、あるいは定額制と言って、点滴をしてもしなくても同じお金しか病院には入ってこないとしたら、しないほうが病院は儲かるからです。

　肺炎が治っても寝たきりであることは変わらないかもしれませんが、現代の日本において、抗生物質で治る肺炎などでも薬を出されず、「末期ですから」「寿命ですから」というやり方で対処されるようなことが現実に横行しているのは、まさに高齢者の命の軽視としか私には思えません。

　私が研修医だった頃は、精神病患者は扱いづらいという理由で、治療を拒否する病院がありました。いまはそういうことはほとんどありませんが、そのように医療が変わってきたなかでも、高齢者に対しては、この現代において治療が行われないということが起こっているのです。むしろ、財政がひっ迫してからのほうが、その傾向は強まっています。

若者の命は重く、高齢者の命は軽いのか

前項でも触れましたが、なぜ、医療現場では、高齢者に対して積極的な治療が敬遠されるような事態が起こり得るのでしょうか。私はそこに、私たちそれぞれの心のなかに、「高齢者の命の軽視」という差別意識があるからだと考えています。

日本では若い人が死ぬことは重大事なのに、お年寄りは死んでもいいと思われているふしがどこかに感じられます。若者が死ねば、「まだ若いのに」「前途有望な若者だったのに」とその死を惜しみますが、高齢者が死んでも、「仕方ない」というふうに受け止められている部分が少なからずあります。

高齢者を専門に診ている医者として、私にはこういった感覚に対して、非常に違和感を覚えます。命の大切さは、若者だろうと、高齢者であろうと、等しくあるも

のだと考えているからです。

たとえば、一つの例を考えてみましょう。八〇歳の老人の運転する自動車が暴走して、一六歳の少年をひき殺したとします。こんなことが起これば、新聞やテレビニュースなどは大きく報道し、若者の命を奪った老人に対する批判は広がり、報道を耳にする多くの人たちも、老人の行為を強く責めるでしょう。あるいは、高齢者全体の運転までやり玉に挙げられます。

しかしこれが逆で、一六歳の少年が無免許運転で暴走し、老人をひき殺したとしても、前者ほど大きなニュースとしては扱われないでしょう。一人の命が失われたという悲惨さはどちらも同じだと思うのですが、一六歳の若者の死のほうが、より痛ましく伝えられます。

仮に、老人をひき殺した少年が罪の意識にさいなまれ、自殺でもしたとしたら、「更生の余地もあったのに、何も命を絶たなくても」、「お年寄りも八〇まで生きたのだし、寿命だ」といった同情の声が上がるはずです。

私たちの社会は建前としては、人の命はみな平等だと言いながらも、実際は違うのです。幼い命、若い人の命と比較すれば、高齢者の命は軽く見られてしまう傾向が、いまの日本社会にはあるのです。

また、年を取ったら、若い人たちのために高齢者が我慢をしたり、犠牲になることが当然であるかのようにもみなされています。

こういった私たちの心に無意識にある、高齢者の存在を不当に扱ってしまう意識が、いまの日本社会において、さまざまな高齢者差別となって表れてきています。

繰り返しになりますが、若くても、年を取っていても命はみな等しく大切なもので、人間それぞれの存在は等しいと私は考えます。

「生きているのがかわいそうだ」という差別

まだ元気で体の動く人たちが、「年を取って、寝たきりになってまで生きていたくない」などというようなことを言うことがありますが、これも非常に問題のある発言だと私は思います。

障碍者《しょうがいしゃ》の人を指して、「障碍者になってまで生きていたくない」、「あんなふうになってまで、生きていくなんてかわいそう」などとは、普通は言いません。そのような発言は、障碍者に対して差別的で失礼だと考えて言わないのです。しかし、高齢で寝たきりの場合は、平気で「死んだほうがましだ」と言うのです。

高齢患者を介護する親族の方たちでさえ、「こんな寝たきりになって、生かせておくのはかわいそうだ」などと言うことがあります。高齢患者本人が「生きたい」

と考えているのなら、こんな失礼なことはありません。

たしかに私の患者さんのなかにも、「早く迎えが来てほしい」などと訴える寝たきりの方もいますが、それはむしろ例外です。このようなことを言う高齢患者の場合は、うつ病にかかっている可能性が高いのです。

体が元気な人でも、うつ状態になると弱気になったり、厭世的になったりするのですから、ましてや体の不自由なお年寄りの場合は、うつになりやすいものです。ですから、死にたいと言うお年寄りには、「そんなことないですよ。おばあちゃんが生きていてくれてご家族もみんな嬉しいんですよ」と言って、うつ病の薬を飲んでもらうと、そのようなことを言わなくなり、精神的にも安定することが多くあります。

在宅訪問の医者のなかには「治療を続けるのはかわいそうだ。尊厳ある死を選ばせてあげよう」と言う人もいますが、それは家族の苦労話ばかりに耳を傾け、ご本人の話を聞いていないからではないか、と私は疑ってしまいます。

少なくとも私の臨床経験から言えば、「死にたい」「殺してくれ」というお年寄りはほとんどいません。本来、人間も動物ですから、動物の本能として、最後まで生きたいと思うものなのです。逆に、寝たきりの人にきちんと治療をすると、寝たきりのままであっても感謝のことばを聞くことのほうが多いものです。

お年寄りをたくさん診てきた在宅訪問医が言うのだからと、その言葉を鵜呑みにして、「認知症や寝たきりのお年寄りに治療するのは酷だ、治療をしないほうがいい」という世論が当たり前になれば、それはむしろ高齢者の尊厳をないがしろにする行為だと私は考えています。

元気な人たちは、「寝たきりのお年寄りはかわいそうだ」と思いがちですが、そんなことは一概には言えないのです。

たいていの場合、人はそれまでピンピンしていたのに、突然、寝たきりになるものではありません。まず、最初は足腰が弱くなって杖をつくようになったり、病院への入退院を何度もするようになったりします。そうした状態から老化や病状がだんだん進行し、次第に車いすを利用する時間が増えていき、寝たきりになったりします。つまり、本人は一段階ずつ能力の低下を受容しながら、最終的に寝たきりの状態になるわけです。ですから、寝たきりの段階になったとしても、その状態をまったく受け入れられないということは、普通はないのです。それを他人が勝手にかわいそうなどと言うのは、傲慢以外のなにものでもないと私は思います。

以前、テレビ番組の収録でご一緒した北野武さんから、こんな話を聞いたことがあります。

「先生、『寝たきりになってまで生きていたくない』ってよく世間が言うけど、あれはウソだよな。うちのお袋も以前は『たけし、寝たきりになったら殺しておくれ』って言ってたけど、いま病院に入院してて、いざ寝たきりになってみると、俺が見舞いに行くと、『おい、たけし、ちゃんと先生には包んでるだろうな』って言うもんな」

人間が最後まで生きていたいと考えるのは、至極当然のことなのです。まわりもそのことをもっと理解すべきだと私は考えます。安易に「もう、ラクにさせてあげてください」「死んだほうがラクだ」などと第三者がみなすのは、本人が意思疎通を十分にできない寝たきり高齢者の場合など、特に慎むべきではないでしょうか。

認知症老人に対する差別

かつて、高額所得者であるお笑い芸人の親が生活保護を受給していたとして、生活保護バッシングが起こったことがありました。バッシングはエスカレートし、正当な生活保護受給者さえ、社会のお荷物のように非難の的となりました。

ワイドショーなどを見ながら、このようなバッシングをする人たちとは、とても想像力に欠けた人たちだと私は思いました。生活保護受給者を叩く人たち自身も、実は、生活保護を受けなければならない事態にいつ陥るかもしれない可能性を持っているのに、そのことに思いが至らないからです。

会社が倒産したり、ストレスからうつ病になって働けなくなったり、あるいは配偶者と離婚して突然シングルマザーの立場となる、などということは、現代の日本ではかなり高い確率であることなのです。それなのに、自分がそうなったときのことを考えずに生活保護受給者を叩くのですから、想像力の欠如と言わざるを得ないでしょう。

このような想像力を欠いたバッシングが、認知症の高齢者に対する差別にも見られます。若い方はもちろん、高齢者であっても、「ボケたら生きていても意味がない」などと平気で言います。これは認知症の方に対して、はなはだ失礼な発言だと私は思います。

実際、そのようなことを言う人だって、あと何年かしたら認知症を発症する可能性があるのです。私が浴風会病院という高齢者医療を専門とする病院に勤務していたときに、高齢者の病理解剖の報告会に毎週のように出ていたのですが、八五歳以上の人でアルツハイマー型認知症型の変性が脳にない人はいませんでした。つまり、ほとんどの人がそのくらいの高齢になれば、程度の差こそあれ、脳の病理としては認知症になっているのです。

それなのに、「あんなふうになってまで生きていたくない」と、認知症患者を忌み嫌うのは、自分がそうなるリスクが見えない想像力の欠如と言えるでしょう。

認知症には程度の差がありますから、症状にも軽重があります。軽い認知症であれば、通常の生活を送ることができます。重くなれば、親族の顔を見ても誰だかわからなくなったりします。

そのような病気であるにもかかわらず、認知症を十把一絡げにして否定するのは、病気への無理解という側面もあるのです。

誰もが高齢になったら、認知症とは無縁ではいられません。また、多くの認知症の方が「もう死にたい」などと考えてはおらず、その日その日を生きているのです。そのことを知れば、「認知症になったら死んだほうがましだ」などということは、安易に言えないのではないでしょうか。

また、「認知症のお年寄りは生かしていてもかわいそうなだけだ」などという理由で、積極的な治療をしないほうがいいと結論づけてしまうようなことも、けっしてあってはならないことだと考えています。

「老害」などという人は実はいない

自己中心的で強権的、権力の座に執着するようなタイプは時として、「老害」として批判されることがあります。

讀賣新聞グループの元オーナーである渡辺恒雄さんや、政治家の森喜朗さんを思い浮かべる方も多いでしょう。

一般的には、能力の衰えた高齢者が社会や組織などの活動を阻害したり、部下の言うことを聞かないで専横的な態度をとるような場合に、老害と言うようです。

たしかに、判断力が鈍っているのに経営トップの座にしがみつき、他人の話も聞かずに独裁的に振る舞う人物がいたとしたら問題でしょう。

しかし私は、こういった人たちがこのように振る舞うのは、加齢のせいだとは考えていません。年を取ったことによって、まわりに害悪を振りまくというケースは、本当は少ないと考えています。

判断力が鈍っているというのは、その人がこれまで現場の勉強をしたり、情報収集することを怠ってきたからであり、実は若いときから、的確な判断ができない人だった可能性も高いと私は思います。

また、若いときは温厚で人の話をよく聞くタイプだった人が、年を取るにしたがって頑固になって、人の意見を聞かなくなったり、何かあるとすぐに「お前はクビだ」と言うようになる、というようなケースもあまりないでしょう。そのようなタイプの人は、若いときからすでに、そういった傾向のある人の場合がほとんどだからです。

つまり、「三つ子の魂百まで」と言いますが、持って生まれた性格は、よほどのことがない限り劇的に変わることはありません。まわりに害を振りまくのは、高齢のせいではなく、個人の資質の問題なのです。私の見るところ、渡辺氏にしても森氏にしても、若い頃からそういう人だったとしか思えません。

しかし日本では、「老害」という言葉をよく使います。これは、そういったキャラクターの人々に退場してもらう理由として、「高齢である」ことを利用したいからかもしれません。

「年のせい」にすれば、周囲も簡単に納得させることもできます。「年を取ったのだから仕方ない」「もうそろそろ退いてもらおう」と、私たちも思ってしまいがちです。しかしこれは、高齢者に対する大いなる偏見です。これまでの経験を活かし、組織のなかで活躍している高齢者はとてもたくさんいるのです。

繰り返しになりますが、もともと「老害」などという人はいないのです。たしかに年を取ると、もとの性格がもっとひどくなることはあり得ますが、年を取っているからという理由だけで、その人の能力や性格を勝手に判断され、活動が制限されるのはおかしな話です。年を取っていようとも、その能力があれば、立派に務められるはずだからです。

なんでも年寄りのせいにすれば通ってしまう風潮

いまの日本社会において、私が非常に問題だと思うのは、なんでも年寄りのせいにすれば、誰もが納得してしまうという風潮です。

たとえば国の財政赤字の原因として、高齢者の増加による年金や医療費などの社会保障費の増大がよく挙げられますが、これなど典型的な高齢者への責任転嫁です。

まず第一に、いまのような超高齢社会になることは、何十年も前からわかっていることなのですから、ここまで手をこまねいていたという点に重大な問題があると考えられます。

また、ここまで財政が悪化してきたのは、何も社会福祉のための支出が増大してきたからというわけでもありません。

東京都の例を挙げると、美濃部亮吉さんが都知事だった一九七〇年頃、高齢者の医療費や都営交通の無償化を実施したことがありました。その後、都の財政は一〇〇〇億円ほど赤字になりましたが、実際に赤字の大きな原因となったのは、オイルショックで税収が減ったためであって、福祉のやり過ぎで赤字になったわけではありませんでした。しかし、高齢者の医療費無償化などが原因であるかのように、報道などで印象づけられています。

次に都知事になった鈴木俊一さんは、老人の医療費無償化の廃止や都職員の給料引き下げなどによって、美濃部さんが残した借金を解消して財政を黒字にしましたが、臨海副都心開発を強引に進めて約二兆円もの借金をつくったのです。老人福祉などよりも、はるかに「箱もの行政」に関わる費用のほうが大きいわけです。

いまでも国は、高齢者の増加による社会保障費の増大によって、消費税はいずれ二〇パーセントに引き上げなければ財政は持たないなどといった主張を流布していますが、お年寄りがいまほど多くなかった時代に八〇〇兆円（現在は一〇〇〇兆円を超えていますが）もの借金をつくってきたのは、ほとんど土木や箱ものに関する費用や防衛費なのです。

その部分に気づかれないためにも、「年寄りが増えたから」と政府は言い続けているのです。財政運営が下手くそで赤字を垂れ流してきたことに関して、すべて高齢者のせいにすれば国民をだませてしまうという自民党のロジックに、国民誰もが引っかかっているのです。

消費税二〇パーセントという話にしても、それがヨーロッパ並みだというロジックがまかり通っていますが、ヨーロッパの国の多くは医療費も教育費も無償ですし、社会保障も手厚いのです。日本は医療費も教育費も無償にせずに、消費税だけを二〇パーセントにしようと言っています（ついでに言うと、アメリカの本土で消費税が一〇パーセントを超える州はありません）。それも「お年寄りにお金がかかるから」と言ってしまえば、「仕方ないか」と納得してしまいかねないのが現状です。

このように、「年寄りが増えたから」「超高齢社会になったから」というのは、ある意味、情報の受け手を思考停止させるいい口実になっていると言えるでしょう。

なぜ、日本社会では高齢者が邪魔者扱いされるのか

　ここ数年私は、日本社会は高齢者を邪魔者扱いしているように感じて仕方ありません。これは「老人差別」と言ってもいいものだと考えています。日本は、アメリカに比べると、差別に対する考え方が非常に遅れており、そのことが老人差別の現状を招いていると考えられます。

　アメリカには、差別禁止法と言われる法律が三つあります。一つは、言わずと知れた「人種差別禁止法」です。もう一つが「性差別禁止法」。そして一九六八年から施行されたのが「年齢差別禁止法」です。カナダでは一九七〇年代末に全州で導入され、ＥＵ加盟国も二〇〇六年までに国内法を整備することが義務づけられました。

年齢差別禁止法とは、年齢によって人を差別することを禁じたもので、たとえば求人広告に年齢を制限するような条件を入れてはいけないといったものです。日本の求人広告でかつてよく見られたように、「三五歳までの方」などと書くと罰せられることになります。たとえ客室乗務員の採用試験に七〇歳のおばあさんがやってきても、断ってはいけないわけです。

ちなみに、日本では現在、雇用対策法で求人募集の際に年齢制限を設けることは原則禁止となっていますが、現実には企業側も採用したい年齢の幅があるので、履歴書で年齢を見て不採用としている実態があります。

アメリカの話に戻りますが、人種差別に関して言うと、黒人よりも白人のほうが能力が高ければもちろん白人を採用することになります。しかし、実際には能力が同じくらいなら黒人のほうを優遇するアファーマティブ・アクションという習慣がアメリカ社会には根づいていて、大学入試などでも黒人には下駄を履かせて優遇してきたのです。実際、バラク・オバマ元大統領がいい大学に進んで弁護士になれたのも、そういう背景があったからだという話を聞いたことがあります。

男女差別についても似たようなことがあって、同じ能力であれば女性を優先させるというのもアメリカ社会の特徴と言えます。

このようにさまざまな差別に敏感なアメリカ社会ですが、実は一つだけ差別が許されていることがあります。それは何かと言うと、「能力」による差別です。

先ほどの例で言うと、七〇歳のおばあさんが客室乗務員の試験に来て、二〇歳の女の子よりも接客が上手で、荷物を棚に上げるなどの身体能力も高ければ、おばあさんのほうを採用しなければなりません。会社の採用試験の際に七〇歳の老人が二五歳の若者よりもペーパーテストで一点でもよい点を取ったら、七〇歳の老人を採らなければならないのです。

七〇歳と言えば、日本ではすでに定年退職している年齢ですが、日本の場合、定年というのは会社から辞めてもらう年齢という意味合いが強くあります。能力にかかわりなく、年齢で区切って、仕事から離れてもらおうという主旨です。一方、欧米では、定年は、それまで生きてきて、働いてきたことへのご褒美の意味合いが強いものです。

もともと定年というのは、一八〇〇年代後半に鉄血宰相と言われたドイツのビスマルクが始めたもので、当時は六五歳を定年としました。それまで生きたご褒美に仕事から解放してあげようということで年金とセットにして定年制度をつくったとされています（これは建前で、政敵を追い出すためという説もありますが）。ちなみにこの当時のドイツの平均寿命は四七歳といわれています。

欧米の労働組合などはいまも、「定年をもっと若くしろ」と要求するところもあります。「そんなに年を取るまで働きたくない」と彼らは考えているのです。しかし、働きたい人は、年齢差別禁止法があるので、能力があるうちは企業も雇わなければならなくなります。

このように、年齢をもってして、その人を差別したり、活動を制限したりする意識は欧米には認められていませんが、日本においては、その意識は薄いのです。単に年齢で区切って、社会的活動を制限することに抵抗を持っていません。これが高齢者を差別することを容認し、ひいては邪魔者扱いしてしまう意識につながっている部分があると私は考えます。

定年という年齢差別

日本の定年制度は、六〇歳なら六〇歳、六五歳なら六五歳と、一定の年齢で切るというシステムになっています。能力が衰えたわけでもないのに六〇歳や六五歳になったら会社から追い出すわけです。定年後も嘱託として働ける職場でも、業務自体は前と変わらないのに、給料は現役時代の半分になったり、ボーナスもなくなったりするわけですから、定年になるのはデメリットでしかないわけです。雇用の基準が能力ではなく年齢になっているのです。

一方、欧米では、先ほど話したとおり能力で判断します。つまり、能力がある限りは年を取っても雇われ続けるのです。逆に、定年に達していなくても、能力がなくなれば追い出されてしまいます。いったん会社に入ったら、定年までのんびりできると思ったら大間違いで、会社に求められる能力を維持しなくてはなりません。

アメリカでは四〇歳ぐらいで大学教授になっても、グラントと呼ばれる研究のための補助金や寄付金（自分の給料もここから出すことが多いようです）が集められなくなればお払い箱になってしまいます（籍だけは置いておくことができますが、それでは食べていけないので、辞めるしかなくなるのです）。つまり、企業が研究費を出したくなるような研究成果を挙げる能力がないとみなされてしまうわけです。逆に、ピーター・ドラッカーのように九〇歳になっても大学教授を務める人もいます。能力があれば、年齢など関係ないのです。

日本の医学界を見ると、定年制が大きな弊害を生んでいると言えます。たとえば四〇歳で医学部の教授になると、定年まで勉強しなくても教授のままでいられるのです。ですから、古い知識のままあぐらをかいている教授がたくさんいるのです。そして彼らが学会のボスになると、製薬会社とつながり既得権益を得て、横暴な振る舞いをしてはばからないのです。たとえば、『患者よ、がんと闘うな』などのベストセラーで有名な近藤誠先生は、慶応大学病院に在籍中、あるステージまでは、乳がんの部位だけを切除して、あとは放射線で治療するというアメリカで主流となっていた治療法を雑誌で紹介したことから出世の道を閉ざされました。

三六歳という若さで最年少の専任講師になり、将来を嘱望されていたのにもかかわらず、結局は定年まで教授になれなかったのです。

当時の外科の大学教授たちは、「乳がんになったら乳房を全部（それどころか大胸筋まで）取らないとダメだ」と患者に説明してきた手前、近藤先生が紹介した治療法でも生存率が変わらないということが公にされて、メンツをつぶされた格好になり、近藤先生は出世の道から外されてしまったのです。

結局、日本では、多くの医者が近藤先生が紹介した治療法を標準治療として用いるようになったのは、学会のボスたちが定年で引退してからのことでした。ボスたちが目を光らしている間は、新しい治療法を導入したら、その医者は睨まれてしまう。だから、患者のことなど二の次にして、旧来の方法を続けていたのです。

近藤先生の訴える治療法が通常用いられるようになるまで、一五年くらいの年月を要しました。その間に、しなくてもいい全摘出手術を受けて乳房を失った女性はいったいどれだけいるのでしょうか。私はそういう人たちが集団訴訟を起こしてもいいくらいに思っています。

無能な大学教授が日本の医学の進歩を妨げていることは間違いのない事実です。ついでに言うと、教授になった人より二、三歳若いものすごい優秀な医者がいても、教授が定年するまで教授になれません。東大医学部の教授というとすごい能力のように思われがち（天皇陛下の手術でメッキは多少はがれましたが）ですが、年まわりのために優秀なのになれない人がたくさんいます。ですから、大学教授も三年に一度くらいは総選挙のようなものを行って、不勉強な医者や能力の低い医者を排除していかないと、有能な人材は育たないと私は考えています。

年齢によってその立場や職責が保障されるのではなく、能力によって当然判断されるべきです。単に年齢で区切ることは、組織にさまざまな問題をもたらします。実際、定年システムは、医学界の発展を妨げている側面もあるのです。これも、ある種の「年齢差別」と私は考えます。日本も、年齢を基準にした制度ではなく、能力を基準にした制度に変更していかないといけないのでしょう。

保育所不足は取りざたされても、特養の不足は放置されている現実

「保育園落ちた日本死ね」。

二〇一六年に、子どもが保育園に入所できなかった女性のネットでの発言が話題になったことから、待機児童問題が一気にクローズアップされました。待機児童数は全国でおよそ四万五〇〇〇人とされ、「待機児童問題が解決しないかぎり少子化は止められない」「女性の働く機会が奪われる」ということも言われています。

たしかに、これはこれで問題ですが、実はいま、特別養護老人ホーム（特養）への入所を待っている高齢者は全国で五二万人いるのです。単純に人数を比較しても、後者のほうが大問題であることは言うまでもありません。しかも、介護による離職者、要するに親の介護のため仕事が続けられなくなる人が年間一〇万人にも上り、

その多くが、五〇代の女性だという現実があります。どちらがより、女性の働く機会を奪っている問題か明らかでしょう。

しかし、マスコミは、待機児童は社会問題として大きく取り上げ、国も行政も解消に向けて動き出しているのに、特養の入所待ちの事実についてはさほど報道もせず、国民も関心を示さないのです。

たとえば、どこかに団地ができて子どもの数がどんどん増えたときに、そこに保育園や小学校をつくらなかったら、おそらく大問題になるはずです。しかし、高齢者が増えて、要介護状態になっても施設に入れない、独居老人が家で寝たきりになっても施設に入れないといった問題が現実にあっても、「特養をつくれ」という声は、どこからも上がらないのです。

特養を建てようとすると、「認知症の老人がたくさんいる施設が近所にできたら、徘徊したりするかもしれないので迷惑だ」と、認知症に対する誤解から、地域住民が反対するというケースさえあります。

国も国民も、特養不足問題にあまりにも無関心すぎると言えます。しかし、なぜそのようなことが起こってしまうのでしょうか。

まず、第一に言えるのは、特養を必要とするような当事者である高齢者が、体も弱っていますし、現役世代でもないので、その発言や主張が「大きな声」となって社会を動かしていかない部分があります。

さらに、メディアにおいても、この問題をさほど大きく報道はしません。「特養不足」よりも、「保育所不足」を報じるほうが、視聴率を取れ、スポンサー受けもいいという事情がそこにはあります。特養の不足で困っている女性が五〇代なのに、保育園の不足で困っているのは二〇代や三〇代であるという年齢差別もあるのかもしれません。

高齢者を介護するような家族からも、「身内による在宅介護」を政府が推進していることもあり、なかなか声を上げられない現状もあり得るでしょう。

本来であれば、このような状況にあっても、困っている高齢者たちの意見を代弁するような政治家、評論家、コメンテーターなどの社会的影響力のある人たちが、社会の流れをつくっていくものです。

しかし、そのような社会的に発言力のある人も、こと高齢者問題においては存在しないのです。この問題については、次項で触れることとしますが、いずれにしても、今後ますます要介護高齢者が増えていくと予想されるなかで、高齢者への対応は後回しにされ、特養の不足は放置され続けています。このような現状をいつの間にか容認してしまっている私たち自身も、実は高齢者を差別してしまっているという現実があるのです。

高齢者の立場を代弁する人がいない社会

これまで述べてきたとおりさまざまな場面で、いまの日本の高齢者は不当に扱われています。しかし、そのような状況にあるにもかかわらず、高齢者の立場から、その状況を改善しようという大きな動きは起こってきていません。

それは、高齢者の立場を代弁するようなリーダー、発言力のある人がいないことも原因だと考えられます。

本来であれば、それぞれの年代層にオピニオンリーダーのような存在がいるべきだと思います。若者には、若者の意見を代表するような人、サラリーマン層には、そのような人の立場を代弁する人がいるものです。

しかし、高齢者の意見を代弁するような人はほとんどいません。これは、女性の本当の立場を代表するような発信者がほとんどいないという事情と似ています。

現在も女性議員や女性経営者など、女性の立場から、女性の代表のようにみなされている人はたしかにいます。しかし、その人たちは弱者の立場に立っているように見えて、実は女性のなかの「勝ち組」の立場で、女性論を語っているのです。

専業主婦ではダメという発想をもち、外でバリバリ働いて、経済力もある女性たちです。実際、そういった女性の立場を代弁しているだけなのに、なぜか女性であるというだけで、大多数の普通の女性も支持していて、選挙でも当選したりするのです。

これと同じで、老人の代表と称する人たちも、実は、本来の老人の代表であるかは怪しいものです。なんでもできるスーパー老人が、その立場から発言していることが往々にしてあります。「ボケたら殺してほしい」「寝たきりになってまで生きていたくない」などと高齢の著名人が発言することがよくありますが、これなどまさに高齢である弱者の意見を代弁しているのではなく、高齢強者の発言です。

また高齢者は、その身体能力に個人差が大きいものです。そのことも、「老人の意見＝勝ち組老人の意見」となってしまいやすいところでしょう。たとえば、八〇歳近くでノーベル賞を取る（実際は若い頃の研究で取ったのでしょうが、発言を聞くとやはり立派なことが多いです）知能の高齢者もいれば、認知症の進んでしまった高齢者もいます。元気にスポーツを楽しんだり、外食に行ったりできる高齢者もいれば、同じ年齢でも、介護が必要で、一人で外出できない人もいます。

高校生や中学生で、いくら個人差があるといっても、知能指数や運動能力でこれほどの差はでません。それなのに、「高齢者」ということで一くくりにされてしまい、声の大きい元気な高齢者の意見が、「高齢者全体の意見」だと社会が認識している点が、私はとても問題だと思います。

能力主義、格差社会の進行が老人の差別へと向かう

いまの日本社会は、終身雇用や年功序列のシステムが崩壊し、欧米並みの能力主義が幅を利かせています。その能力主義が進むことで、格差社会も出現し始めています。

私自身は、能力主義、あるいは成果主義というものに対して、どちらかと言えば反対の立場にいます。人を能力や成果で分けて、大きな差をつけることには反対です。

かといって、すべての人をフラットに扱うような共産主義的なやり方がいいかというと、それも人々の意欲をそいでしまうので、ある程度の差は必要だと考えています。

一億総中流と言われた時代がありました。「自分は上流とは言えないかもしれないが、下流でもない」と国民の多くが考えていた時代ですが、このぐらいの差がちょうどいいのではないかと私は考えています。多少の差なら頑張って上を目指そうという気になりますが、あまりに差が広がり過ぎると、頑張る意欲がそがれてしまうからです。

たとえば、マラソンで前のランナーの姿が見えているうちは頑張れますが、姿が見えないくらいに離れてしまえば、頑張って追いつこうという気にはなれないでしょう。それと同じことです。

頑張れば上流になれると思える程度の差なら、親も子どもの教育にお金をかけますし、本人も上を目指そうという気になります。しかし、格差が広がり過ぎてしまうと、そのような気もなくなり、結果、国自体が衰退してしまうでしょう。

ですから、心理学の立場から言わせてもらえば、差はつけるべきだけれど、あまり差をつけ過ぎてはいけないということです。

あまり格差がなく、分厚い中流層が存在するようなら、みな同じような階層意識が育まれます。しかし、格差が過度に進み、社会がはっきりと階層化されてくると、自分より下の階層の人たちを見下すような意識が生まれてきます。

以前、定年間近の都バスの運転手さんの年収が一〇〇〇万円と報道されて、「それはもらい過ぎだろう」と騒ぐ人たちがいました。バスの運転手は知的専門職やマスコミの人たちと比べてもっと給料が低くてもいいと考えるこの人たちを、非常に傲慢であると思うのは私だけではないでしょう。もちろん、民間のほうが安いという問題があるのでしょうが、欧米であれば、長年頑張ってきた民間の人が同じようにもらえるようにストを打つはずなのですが、日本では当の労働者が安くて当たり前と思っているのかストもしません。

いずれにせよ、格差社会が進んでくると、人間には人に勝ちたいという本能的な感覚（アドラーのいう優越性志向）があるので、勝ち組になれない人たちには、それより弱い人を探し、その相手のことを下に見ようとする意識が強くなってきます。

そのような意識が私たちのなかでどんどん大きくなっていき、それがいま、社会的な弱者である高齢者への攻撃へと向かっていると私は考えています。

自分より能力に劣ると思われる人たちを見下したい気持ちに満ちているのですが、あからさまにそれをするのも世間の目があってできない。しかし、差別してはいけないことになっていない高齢者なら、叩きやすいという面があります。こういった人たちには、高齢者は社会にとっては能力のない人間と見えているのでしょう。

まさにいま日本で広がりつつある高齢者を差別する社会は、格差社会の行き着く先と言うことができると私は思います。

東京中心の世論づくりが地方の高齢者をないがしろにする

高齢者への差別ということでここまで話を進めてきましたが、この動きを助長するものとして、地方への差別という問題もあります。東京中心とした世論が、地方をないがしろにし、ひいては地方に住む高齢者たちを切り捨てている現実があるのです。

現在、マスメディアの多くは、東京に集中しています。そのため、メディアから流れる情報は、東京寄りの意見になりがちです。

たとえば国鉄の民営化も、赤字路線だという理由でたくさんのローカル線が廃止となりましたが、これだって地方の人にとっては迷惑千万な話だったと思います。

ところが、都民にとっては、東京の人が払った税金を地方に回さなくて済むようになったので、民営化は成功ということになります。実際、マスコミの論調もそうでした。

メディアに登場する政治家たちも、東京寄りの発言をする人が多くなっています。昔は田中角栄さんのように、東京のお金を自分の地元にばらまくのが政治家として当たり前でした。地元に利益になる活動をすることで、選挙に勝つというのが常道だったわけです。

また、多くの人々も、東京でつくったお金で、地方を賄うことを当然と考えていましたが、いまは違います。東京が地方の面倒までみる必要がないと考える人も多く、政治家もテレビに出るために、テレビ局が喜ぶような東京寄りの発言をします。そうやってテレビで顔を売ったほうが選挙で当選しやすいという現実があるからです。本当は、東京のテレビ局に気に入られている政治家というのは、地方にとっては迷惑な存在なはずなのに、なぜか地方の人はテレビに出ている人を偉いと思い、そういう人を当選させてしまうのです。

こうして世論も政治も東京を中心に動くので、地方は力を失っていくばかりになります。高齢者から運転免許証を取り上げようという動きも、明らかに東京発の世論です。交通手段の豊富な都内の人に聞けば、高齢者であっても、運転免許の取り上げに一定の理解を示すに違いありません。実際、巣鴨の高齢者にインタビューするると（当の高齢者にインタビューしてもそう言っていたという話をこうしてつくるのですが）「高齢者の運転は危ないので、免許返上は当然」とほとんどの人が答えていました（そう答えなかった人を意図的にカットしたのかもしれませんが）。しかし、自家用自動車以外に移動手段がほとんどない地方に住む人に聞けば、そのようなことは絶対反対するはずです。

田舎はそもそもどこに行くにしても距離がありますから、車の運転ができなくなれば、買い物に行くことすらままならなくなってしまいます。

そうなれば、巡回車が物を売りに来るようになるのでしょうが、おそらく倍くらいのコストを取られてしまうでしょう。しかも、欲しいときに欲しいものが買えないということも起こるわけです。

「タクシーを使えばいいじゃないか」と言う人もいるかもしれませんが、行く前にタクシーを呼んで、買い物をして、帰るときにもまたタクシーを呼ばなければいけないのです。それが毎回となれば、恐ろしく不自由な生活です。しかも、地方ではタクシー会社そのものがどんどん潰れていっているという現状もあります。さらに言うと、地方の高齢者のほうが貧しい（国民年金だけでやっている人が多い）ので、おいそれとタクシーに乗れないという問題もあります。

本来であれば、メディアで発言するコメンテーターや評論家の方たちが、そういったところにまで言及するべきです。しかし、彼らにはそのような想像力が欠如しているのです。東京の中高一貫校を出て東京の名門大学を卒業したような彼らには、地方のことはもちろん、地方の年寄りのことなど頭に浮かばないのです。

かくして敬老の日には、「お年寄りに優しく」と言って善人ぶりながら、地方に住む高齢者に対しては、その生活への想像力もなければ、配慮もないという現状が続いています。

このように東京の論理によって地方は切り捨てられ、そこに住む高齢者はないがしろにされているのです。

叩いてもいい相手には、徹底的に叩くという日本社会の異常さ

現在、運転免許証の更新においても、高齢者はとても不平等な扱いを受けています。二〇〇九年以降、免許証更新の際に、七〇歳以上の人は高齢者講習を受けることが義務化され、七五歳以上の人の場合は、講習予備検査も受けなければいけないことになっています。講習予備検査とは、「時間の見当識」「手がかり再生」「時計描画」という三つの検査項目について答え、記憶力や判断力を測って認知症の疑いがないかを調べるものです。

検査にかかる時間は三〇分ほどですが、記憶力や判断力が低下していない場合でも、二時間の講習と講習手数料五三〇〇円がかかるのです。七〇~七四歳までの人は講習予備検査はありませんが、二時間の講習と講習手数料が四六五〇円かかりま

す（二〇一七年三月一二日から施行された新高齢者講習制度による）。

このような検査は高齢者のみで、どんなに物覚えが悪く、記憶力に問題があっても若い人には義務づけられていないのです。

また、講習予備検査で認知症の疑いがあるとされた人は、違反の有無にかかわらず臨時適性検査を受けるか、主治医または専門医の診断を受けなければならなくなり、医師が認知症と診断した場合は、「運転免許の取り消し、または停止」が明文化されました。我々、高齢者を専門とする医師（あるいは地元のかかりつけ医）は、介護保険が受けられるように、軽いうちでも認知症という診断をつけるところがあります。そうすることによって、一人暮らしや意欲が低下した高齢者がデイサービスを受けて会話などをする機会をつくり、認知症の進行を遅らせることができるからです。記憶障害が始まったくらいでも認知症の診断をするわけですが、それをすると免許を取り上げてしまうようになるというわけです。

認知症の主な症状に記憶障害があります。簡単に言えば物忘れが多くなるということで、実は認知症でなくても高齢者の場合は二割くらいに記憶障害があります。

しかし、前述したように、記憶障害があってもアクセルとブレーキを間違えることはありません。認知症であろうが、記憶障害であろうが、軽いうちなら、運転に大きな問題は生じません。実際、八〇歳以上でも年間ベースで見ると九九パーセント以上の高齢者は一度も事故を起こしていません（前にも述べたように、これは一〇代のドライバーの半数以下です）。それにもかかわらず、検査に引っかかれば免許を停止にするか、取り上げられてしまうということが法律で定められたのです。これは明らかに、高齢者への不当な差別です。

警視庁は、「二〇一五年の高齢者による交通事故は総件数の二一・五パーセントを占め、一〇年前の一・九倍になっている」と発表し、高齢者の事故が増加していると述べていますが、高齢者のドライバー人口そのものが増えているので、事故が増えるのは当たり前なのです。そういう説明を一切せず、ただ高齢者による事故が増えていると言えば、高齢者は事故を起こしやすいように聞こえてしまうでしょう。

しかし実際は、高齢者による交通事故よりも若い人の事故のほうが圧倒的に多いのです。そういう真実を隠しながらマスコミも高齢者による事故が多いと印象づけてお年寄りを邪魔な存在として扱っています。

いまの日本の腐りきっているところは、ひとたび叩いてもいい相手だと思えば、大勢で徹底的に叩くという点です。タレントのベッキーさんのときも、前都知事の舛添要一さんのときもそうでした。相手が反論してこないし、みんなが叩いているとなれば、誰もがボコボコになるまで叩き続けます。その対象がいま、高齢者になっているのです。

もし仮に、ある種の障害や、病気の人が自動車を運転して、事故を多発させているということで、その障害や病気の方から免許を取り上げようという議論が出たときは、その障害や病気の関係団体が必ず反対意見や、不当な差別に対する抗議をするでしょう。その障害や病気であっても、多くの人が事故を起こしていない現実を示し、それらの人の運転する権利を訴えるでしょう。

しかし、高齢者の立場を守るために積極的に発言する団体などもなく、私も含め高齢者擁護のコメントを発する人は、東京のテレビ局には呼ばれません。都合の悪いところはカットできるので、ＶＴＲ取材には出られても、生放送には出しませんから、反論の論陣も一切張れません。

こうなると、無抵抗の高齢者への批判は、やむどころか加速していくのです。叩いてもいいいとなれば、徹底的に叩く日本社会の異常さがそこに垣間見えると言えるでしょう。

メリット、デメリットの議論がない日本社会の合意形成

そもそも自動車事故で亡くなる人は毎年四〇〇〇人ぐらい（最近はそれを切りましたが）で、負傷者は年間で六〇万人以上にもなります。自動車はまさに走る凶器と言ってもいいと思いますが、それでも自動車を私たちの社会が禁止にしていないのは、それを補ってあまりあるメリットがあるからでしょう。

物事にはメリットとデメリットが必ずあります。タバコは有害とされていますが、喫煙によって気分が落ち着くという効果は実際に認められています。ですから、吸える場所は限られていますが、禁止にはしません。

お酒に関しては、年間四万人ぐらいが死亡していることがわかっています。全世界では飲酒によって年間三三〇万人が死亡しているとＷＨＯ（世界保健機構）が発

表しています。それでも日本政府がお酒を禁じないのは、それによって親睦ができたり、メンタルヘルスが保たれたりするというメリットがあるからでしょう。

物事を何か決める際には、こういったメリットとデメリットの検証、議論が欠かせません。それなのに、高齢者から運転免許証を取り上げるということに関しては、メリットとデメリットの議論がまったくない異常な状態です。

高齢者が自動車を運転することで、それを代替する公共交通を整えるより安上がりであったり、好きなときに自由に移動できたり、運転することによってQOL（生命の質、生活の質）が高まったり、認知症になりにくくなったり、認知症になっても進行が遅くなったり、寿命自体が伸びたりするなどの多くのメリットがあると思いますが、その面の議論はなされていません。

本来、民主主義国家であれば、メリット、デメリットの議論がなされて、社会的合意を得て、物事が取り決められていくはずなのですが、そういった過程を経ることなく不当な決定がなされていくのが日本社会のおかしなところです。その結果、「年を取ったのだから仕方ない」というような、社会的に見て一方的な高齢者への決めつけが許されているのです。

そもそも東京の論理で国鉄を民営化し、地方では自動車以外に移動手段がないようにしておきながら、高齢者から免許を取り上げようとするのですから、地方に住むお年寄りにとっては生存権を奪われるに等しいと言っていいでしょう。

東京の論理を通すのなら、「我々も高齢者に運転をさせないほうがいいと言っている以上責任があるので、生活に支障がないようマイクロバスを巡回させ、その費用は東京都の税金でまかないます」と、代替コストを東京都や政府が支払うという提案があってもいいのです。そのようなことも含めて議論がなされることによって、社会の合意を得て、物事が決められていくということがとても大事だと私は思います。

感情的な日本社会が「老人叩き」を生んでいる

二〇一四年に、韓国沖を航行中のフェリー、セウォル号が積み荷の過剰積載によって転覆、沈没し、修学旅行中の高校生を含む二九五人の命が失われるという事故がありました。この事故は日本でも連日報道され、子どもを亡くした親が事故の責任者に対して、泣き叫び、罵倒する姿などが画面に映し出されていました。また、朴槿恵前大統領が親友とされる女性に機密情報を漏らし、国政に介入させたとされる事件では、大統領の退陣を求めた国民が、怒りの大規模デモを行いました。

その様子を見て、多くの日本人が、「韓国人というのは、なんて感情的な国民なんだ」と思ったことでしょう。

しかし、精神医学的な見地からすると、不正だと感じたことに対して、怒り、叫び声を上げたり、悲しいことに対して泣き崩れたりすることは、「感情的」とは言いません。このような反応を示すのは、むしろ人間の正常な感情です。感情的というのは、そういった感情に振り回されて、理性的な判断ができなくなることを言うのです。

その点、むしろ、韓国人より日本人のほうが感情的だと私は思っています。

二〇〇六年に起きた福岡での飲酒運転による死亡事故が大々的に報じられたことがきっかけとなり、翌年の道路交通法改正で、飲酒運転の罰則が強化されました。飲酒運転でなくても、暴走運転や居眠り運転など人がたくさん死亡する自動車事故は数多くある（むしろ数字の上ではそのほうが多いでしょう）のに、わずか一件の飲酒運転事故が話題となったことで、飲酒運転のみが厳罰化されたのです。痛ましい事故があったら、統計数字も調べずに法律を変えるというのは、まさに感情的であると言えると私は思います。実際、厳罰化されなくても、それまでに飲酒死亡事故は減り続けていたのです。飲酒運転にメリットがないという人もいるかもしれませんが、飲酒運転を厳罰化することで地方の飲食店の倒産が相次ぎ（そのために自殺した店主の数のほうが減った飲酒死亡事故の数より多いという説もあります）、またみんなで飲まず、一人飲みが増えたのでアルコール依存を増やすという考え方もあります。少なくとも、地方自治のしっかりしたアメリカでは、ニューヨークの地下鉄の走っている地域では、飲酒運転がみつかると自動車を没収するくらい厳罰が課されるのに、ワインの産地ナパバレーでは、一切飲酒運転の取り締まりもなく、ワインのテイスティング（一軒で三分の一ボトルくらい飲むことになります）のはしごを自動車でします。要するにこの手のことは、どちらのメリットを重視するかを住民が決めればいいのです。

また日本では、飲酒運転以上に危ない（前を見ないのですから当然ですが）とされるスマホ運転の厳罰化も、ほとんど進んでいません。飲酒にだけナーバスというのは、やはり感情的だと私には感じられます。

「高齢者から免許を取り上げたほうがいい」といったいまの論調も、感情が先に立ち、理性的な判断力が失われている状態だと私は思います。

ちなみに、福岡の飲酒運転が大々的に報道されたのは、この当時、福岡と東京がオリンピック誘致に向けて競っていたことから、東京寄りのメディアがこぞって福岡市の職員が起こした事件を叩いたという見方も指摘されています。少なくとも当時年間一〇〇〇件もの飲酒死亡事故が起こっていたのに、その事件だけが大々的に取り上げられたのは事実です。

日本人はとにかくニュースで煽られると、マスコミのイメージ戦略にはまってしまい、冷静な判断ができなくなる傾向があります。

私は二〇〇六年にフィンランドに行きました。というのも、フィンランドは子どもの学力が世界トップレベルなので、その理由を調査したかったのです。

思ったとおり、フィンランドの学校は厳しく、子どもたちにしっかりと勉強をさせていました。テレビを見ても、日本のようなバラエティ番組はどこもやっていません。日本よりも娯楽が少ないぶん、勉強に専念できる時間があるのでしょう。

ところが、たまにフィンランドでは子どもが銃の乱射事件を起こすことがあるのです。一般市民の銃の所持が認められているうえ、厳しい学校教育への反発なのかもしれません。

しかし、たとえ銃の乱射事件が起ころうとも、フィンランドでは、教育政策を変えようという話にはならないのです。

銃の乱射事件を起こすのは何万人に一人といったような確率でしょう。たとえ一万人のうちの一人が乱射事件を起こしても、他の九九九九人は現状の教育方針によって学力が上がり、社会に出てからも生きていける力を身につけているのですから、方針を変える必要はないと判断しているわけです。

これが日本だったらどうでしょうか。

日本は銃社会ではないので銃を乱射することはないでしょうが、たとえば一人の子どもが教育システムに反発して刃物か何かで暴れたとしたら、おそらく「心の教育をしなければ」とか、「詰め込み教育をやめよう」といった話が持ち上がり、マスコミの煽動によって国民も同調していくに違いありません。

つまり、日本人は、確率的にどうだとか、理論的にどうだとか、といった話にはならずに、感情論で動いてしまうのです。

テレビに出るコメンテーターもつくり手も、優秀な大学を出ているかもしれませんが、ほとんどが文系出身者ですから、数学的な頭が働かないのかもしれません。

以前、爆笑問題の太田光さんが司会を務めるテレビ番組で学力低下に関する討論に呼ばれたときに、国際的なデータをパネルにして持っていったところ、ディレクターに、「これは最初に出されちゃうと議論にならないので、最後に出してください」と言われたことがあります。そこで、最後に出そうと思ったら、いつの間にか番組が終わってしまったのです。

明らかな根拠を数字で示してしまうと、反論の余地がなくなり番組が成り立たないのかもしれませんが、問題点を明らかにして冷静に議論を深めるよりも、感情論で意見をぶつけ合って視聴率を取ることのほうを選ぶのですから、「日本という国は数字を使って議論させない国なんだな」と思ったものです。

高齢者に対する差別の問題も、数字で、客観的に議論するのではなく、感情論で話をするのがマスコミです。そして、感情論に流されてしまうのが国民であるから、現在のような高齢者に対する不当な扱いが平気で行われているのです。日本の高齢者の行く末は、国民感情が握っていると言ってもいいかもしれません。

老人に冷たい日本社会の実態

以前、あるテレビ番組で何人かのお年寄りにクイズを出し、トンチンカンな答えを言わせて笑いを取るというコーナーがありました。出演しているタレントたちはその珍解答に大笑いをするわけですが、医者の立場からみれば、そのお年寄りたちは軽い認知症にかかっていると考えることができます。正常な高齢者であれば、間違えるはずのないような問題を間違えていたことはたしかです。きちんとした地域住民調査によると、高齢者の言語性知能は八〇代になっても知能指数ベースで一〇〇を超えている（つまり、若者も含めた世界の平均を超えている）のですから。

その番組を見て、私が感じたのは、お年寄りにトボケた答えを言わせて笑い者にし、さも老いがみっともないことのような印象を視聴者に与えているということでした。

それでなくても、日本の社会はお年寄りに対する配慮がない国だと私は思います。高齢者の能力特性についてもあまり関心が持たれていません。

たとえば、エスカレーターが一つしかない駅の施設などがありますが、その場合、設置されているエスカレーターは上りのエスカレーターになっている場合がほとんどです。しかし実際に、足腰に不安を抱えるお年寄りが困難に感じるのは、階段を上るときよりも下りるときなのです。下りるほうが、より筋力が要るからです。本来、一つしかエスカレーターを付けられないのであれば、下りのエスカレーターのほうが高齢者にはありがたいはずです。

また、東京駅に行くと、段差のあるところがたくさんあることに気づきます。「スロープを付けたほうがいいな」と思う場所や、「エスカレーターを付けたほうがいいな」と感じる場所もたくさんあります。特にいまのお年寄りは、手押し車やキャリーで荷物を運ぶことが多いので、昔以上にスロープというものが役に立つのです。

民営化されてＪＲは金儲けがうまくなったかもしれませんが、そういうことがまったくわかっていないのか、利益にならないことはやらないのでしょう。バスにしても、高齢者に無料パスを配布するより、停車したときにステップが低くなって乗りやすくしたほうがずっと喜ばれるかもしれません。

歩道橋が多いのも高齢者に対する配慮のなさの表れでしょう。

歩道橋の上り下りを避けて横断歩道のない道路を渡る老人がいたら、おそらく警察官はピーピーと笛を吹いて老人を注意し、渡らせないようにするはずです。

しかしこの場面で本来、警察官がすべきことは、走っている自動車を止めて安全を確保し、高齢者に道路を横断させることではないでしょうか。信号以上に、警察官の手信号が優先されることは教習所で最初に習うことです。警察官にはその場の状況に応じて、交通整理をすることが許されているのです。交通ルールを守れないお年寄りに、笛を吹いて慌てさせて転倒（最悪寝たきりの原因になります）を誘発するより、歩行に苦労しているような高齢者であれば、そういった対応が求められて当然だと私には思えます。

しかし実際に、そのような光景を見たことは一度もありません。歩道橋の上り下りができない高齢者は、横断歩道のない道路を渡るわけにもいかず、遠回りしても横断歩道のある場所まで歩いていき、渡らなければならないのが現実です。

高齢者が増えているということについては事あるごとにニュースで報じられますが、それに対して「年を取りたくない」「高齢者にはお金がかかる」「老人は厄介者」というイメージがどんどん膨らまされていく一方で、お年寄りに対するいたわりや配慮というものが、実は本当に少ないのが日本社会だと私は思います。

無知が招く高齢者へのバッシング

病院の待合室で交わされるお年寄りの会話です。

「今日は○○さんの姿が見えないね……」

「ああ、風邪で具合が悪くて病院に来られないんだって」

このような笑い話があります。

元気なお年寄りが病院に来て、病気の老人が家で休んでいるのが逆説的で面白いのでしょうが、こういう話を笑えるのは、老人医療の現実をまったく知らないからです。

たとえば若い人が病院に行くのは、風邪を引いたり、胃腸炎になったりして、とにかく病気や症状をいますぐ治したいからです。

ところが、お年寄りが病院に行くのは通常、持病の治療のためです。たとえば血圧を測ってもらって血圧の薬をもらうとか、骨粗しょう症があれば、骨粗しょう症の薬をもらうというように、慢性的な症状に対して長期的な治療を受けているわけです。

もしも病院の待合室にいる老人たちがみんなヨボヨボで元気がないとしたら、その医者はよっぽどやぶ医者です。不適切な処置をしているから、来院している高齢者がみんなグッタリしているのでしょう。

たとえば、薬を出し過ぎているということも考えられます。血圧が高い患者さんに対しては、血圧を下げる薬を処方するわけですが、あまり下げ過ぎると倦怠感が出てきてしまいますから、下げ過ぎないように薬の量を調整する必要があるのです。

また、血圧の薬と心臓の薬を飲んでいるのに、さらに骨粗しょう症の薬を投与するとしたら、どれかを減らすなりして、体に負担がないようにするのが医者の役目なのです。

つまり、もし病院に通ってくるお年寄りがみんな元気で、待合室で歓談がなされているとしたら、それはその医者は患者さんをよく診ている腕のいい医者だという証拠です。

ところがメディアや政治家、評論家の人たちは、そういった事情も知らずに、元気な老人たちでにぎわい、高齢者の社交場のようになっている病院の状態をあげつらって、「高齢者による医療費の無駄遣い」「元気な高齢者を集めて金儲けをする悪徳医」として批判したりします。元気なくせに病院に通って、それで税金から医療費が無駄に使われているという批判です。

なんとも偏狭な主張です。いつから日本人はこんなにも、お年寄りに対して思いやりのない国民になったのでしょうか。無知からくるこんなバッシングが許され、高齢者をお荷物のように見ている日本社会の現実に、私は強い憤りを覚えます。

第２章

日本社会に横行する
高齢者による高齢者バッシング

高齢者を差別しているのは、実は高齢者だ

第一章では、私たちが知らず知らずのうちに行っている、高齢者への差別の事例と、その背景にある日本社会の歪みについて述べてきましたが、ここからは、高齢者差別をはびこらせているもう一つの大きな理由についてみていきたいと思います。

それは、高齢者自身による、高齢者への差別という実態です。「老い」への嫌悪からくる高齢者同士の差別意識が、日本社会における高齢者への不当な扱いを助長している大きな理由でもあるでしょう。

私が知っている老人ホームでの話をしてみましょう。

その老人ホームはお金持ちの健常者を対象とした有料施設で、かつては、入居者が認知症や要介護の状態になっても、介護を受けながらそのまま同じ部屋で一生過

ごすことができ、食事も施設内のレストランでとることができるということを売りにしていました。

しかし、実際、入居したときはどこも悪いところがないという人でも、やはり高齢ですから、二、三年すると、介護が必要となったり、認知症の症状が出るようになった人も現れ始めました。

そこで、認知症や要介護の人を別棟に移してほしいという要望が出てきたのです。要するに、認知症の人や要介護の人たちと一緒に生活をしたり食事をとったりするのがイヤだというのです。

苦情を申し立てたお年寄りたちは、ほとんどが介護など必要としない元気な人たちですが、彼らは老人ホームの同じ屋根の下でこれまで生活してきた人であっても、弱ってきた人に対してはとても冷淡に自分から遠ざけようとします。

おそらくそこには、「老い」に対する強い拒絶感や嫌悪感があるのだと思います。元気なお年寄りは、弱いお年寄りを見て「明日は我が身」とは思わずに、健康な自分の状態を基準にして考え、「あんなふうになってかわいそうに」「ああはなりたくないものだ」と目を背けようとします。

老いていくことは誰も避けることができません。生き物にとっては当たり前のこととわかっているつもりでも、人間は「老い」を受け入れることが難しいものです。だから、老いて衰えた高齢者を、高齢者自身が忌避するのでしょう。

さらに元気な高齢者は、弱った高齢者を見下す傾向さえあります。自分自身も年寄りなのだからと、高齢者による高齢者へのバッシングはときに遠慮のないものになります。

「不摂生をしていたからあんなふうになったんだ」「意欲がないからボケるんだ」「寝たきりになってまで生きているのは見苦しい」「もっとしっかりしないとダメだ」などと、容赦なくバッシングします。

そういった発言に接する社会も、高齢者自身の発言なのだから、世の高齢者はみんなそのように考えているのであろうと認識して、間違った世論が形成されていきます。しかし、そのようなことはけっしてありません。政治家のように強い女性がマスコミに出やすいぶん、女性の声の代表と間違えられるのと同様に、強い高齢者が高齢者の声や考えを代表するものと思われます。その陰で、体の弱った多くの高齢者の声が黙殺されていて、高齢弱者を侮辱するような差別が増長されていくことになるのです。

このような事態をなくすためにも、私たちみなが、「老い」を忌避することなく受け入れることがまずは必要でしょう。

老いを受け入れないお年寄りは、心気症になりやすいという説があります。体のなんらかの症状を誤解して、病気にかかっていると思い込んでしまうのを心気症といいます。老いを受け入れたくないという気持ちが強いため、たとえば歩くのが前よりも遅くなったら、それを老化現象だとは思わず、どこかに病気があるはずだと疑ってしまうようなお年寄りもいます。そして検査に異常がないと言われても納得できずに、ドクター・ショッピングに走るのです。

それより若い人たちにも、老化を受け入れたくないという気持ちがあります。アンチエイジングが流行っているのもその理由からでしょう。私もアンチエイジング医療を採り入れていますし、老いと闘うこと自体は悪いことだとは思っていません。

遅らせることができるのなら、遅らせたほうがいいと思っています。

しかし、吉永小百合さんのようにいつまでも元気で若々しい人であっても、いつかは老いを受け入れなければいけないときが来るのです。「老い」は誰にも等しく訪れるものと、私たちはいま一度、受け止めなくてはなりません。

選挙でも、なぜか高齢者の利益のために行動しない高齢者

ほとんどの選挙で言えることですが、女性は女性の立候補者に一票を入れる傾向があるように思います。もちろん男性候補者に票を入れる女性もいますが、特に、「この人に入れたい」という候補者がいない場合は、「もしかしたら女性の声を政治に反映させてくれるのではないか」という期待から、女性は女性候補者を選びがちになるのではないでしょうか。

もっとも、女性候補者が当選すれば、女性全般に利益となる政治活動をしてくれるのかと言えば、そうとも限らないわけです。たとえば配偶者控除の廃止を推進する自民党の女性議員たちに見られるように、働く女性の味方はするものの、専業主婦にとっては不利益にしかならないような活動をする人もいて、すべての女性のた

めに活動する（もちろん不可能なことですが）女性議員などいないのが現実です。女性の多くは、反戦主義的で憲法改正に反対なのに、自民党の女性議員の多くは、憲法改正や九条改正にむしろ男性議員より積極的です。しかし、おかしなことに、それでも女性はなんとなく女性候補者に一票を入れてしまいます。

では、高齢者の場合はどうでしょうか。

たとえば、若い候補者と高齢の候補者がいる場合、お年寄りはどちらに投票するかといえば、意外にも若い人のほうに投票する傾向があるのではないでしょうか。「高齢の候補者は年寄りの気持ちをわかってくれる」「高齢者福祉のことを考えてくれる」と高齢の候補者に票を投じてもよさそうなものですが、実際には、逆の選択をしている人が多いように思います。

「頭の古い年寄りに次の時代を託せるか」「なんでいつまでもこいつは選挙に出てくるんだ。若い人に道を譲れ」「衰えた人間より、若い元気な人のほうがいい仕事をするはずだ」ということで、高齢の候補者に反感を抱き、若い候補者のほうに一票を投じる人が多いのではないでしょうか。

なぜ、高齢者はそのような投票行動をとるのでしょうか。その背景には、前項で述べたような老いを嫌う感情が高齢者にもあるからだと私は思っています。「老いた人間はだめだ」「そろそろ道を譲らないといけない」と、その人の能力ではなく、年齢で差別しているのが実は高齢者自身なのです。

私は、このような選択を続けているから、日本の政治が高齢者の視点からは行われない一因にもなっていると考えています。

ボケることへの恐怖が生む差別

二〇一六年の暮れに発行された『文藝春秋』に「私は安楽死で逝きたい」という橋田壽賀子さんの記事が載りました。九〇歳を超えた橋田さんはこの記事で、自分が認知症になったら安楽死を望むと語っています。「周囲に迷惑をかけたくない」「頭がボケた状態では生きていたくない」「何もわからなくなって、生きる楽しみがなくなったあとまで生きていようとは思わない」と言うのです。

ボケというのはある種の適応現象と言ってもいいと私は考えています。実際、イヤなことをすぐ忘れることができたり、若いときには許せなかったことが許せるようになったりと、年を取ることで自分を取り巻く状況を受け入れやすくなることが少なくありません。そういう意味で、老いのある種のプラス面ととらえることもできます。

また、認知症が重くなって寝たきりになるのはイヤだという人もいると思いますが、本人は認知症が重くなったことがわからないのですから、その状態をイヤだとも思っていない可能性が大です。それよりも、寝たきりになっているのにボケていない状態のほうが辛いことはたしかでしょう。

結局、私からすると、橋田さんのようにボケてまで生きていたくないと言う人は、認知症への恐怖心が強いあまり、知らず知らずのうちに、「ボケている人間なんて、生きていても意味がない」といった、ある種、差別的な考えにとらわれてしまっているのではないかと思うのです。

特に橋田さんのような高齢の著名人がこのような発言をすると、「高齢者でさえ、ボケたら安楽死をさせろと言っているのだから、安楽死をさせてあげようじゃないか」という世論が大きくなってくるなど、社会に大きな影響を与える可能性があります。それはとても危険なことではないでしょうか。

「認知症になったら殺してくれ」「延命治療しないでほしい」と言う人はかなりい

ますが、実際にその立場になってみると、そのようなことは言わないものです。元気なときの発言はあまり信用できないもので、なってみたら気が変わるということが医療現場で見てきた現実です。

実際、認知症というのは進行性の病気なので、軽いうちはほとんどなんでもできます。記憶障害レベルの認知症なら八五歳以上の半数が診断されてしまうのです。また、多少重くなっても、脳の老化なので、おとなしくて何もしなくなる人が多く、見られるのが恥ずかしいような異常行動が生じる人は少数派ですし、生活が自立できなくなるだけで、それほど人に迷惑をかける病気ではないのです。もちろん異常言動が目立って、家族がひどい心身の疲弊を起こしてしまうケースも一定数いるのは事実ですが、認知症全体からみれば一割くらいでしょう。

しかしそのような現実は指摘されず、「ボケ」への強い恐怖心だけが独り歩きして、認知症患者への不当な差別につながっていると私は考えています。

メディアは高齢者を操って高齢者叩きをする

日本のマスメディアは、ある人々を叩く際に、その集団の当事者を利用してバッシングするという手をよく使います。

たとえば前述もしたように、女性議員は女性の代表のようにマスコミは取り上げますが、それは強い女性の味方なのであって、弱い女性の味方ではありません。

女性議員によって女性の社会進出を推進する動きがありますが、このことは裏を返せば、専業主婦の利益にはならないような社会制度を目指している動きであり、実際は、「働かない女性はダメだ」とバッシングしていることと同じです。

しかし、女性議員が自ら、同性の人々のあり方を訴えているだけに、とても説得力をもって社会には受け止められます。

また、マスコミも、女性議員の提唱する女性の社会進出が、社会問題の解決につながると大々的に報じ、その別の側面についてはあえて触れません。ですから、バッシングされているはずの弱い立場の女性も、女性政治家が女性の味方だと信じて疑わないのです。

高齢者の場合も、これと同じです。前述したように、橋田壽賀子さんのような強いお年寄りが「認知症になったら死にたい」と言っていることを取り上げては、認知症の弱い老人は死なせてあげたほうがいいというようなイメージを世間に流しているのです。

高齢者の免許返上の件についても、お年寄りの原宿と言われる巣鴨の地蔵通り商店街を歩く老人にインタビューして、「年を取ったら免許はいらないよ」とテレビで言わせるのです。電車や地下鉄に乗って巣鴨に来ている元気な高齢者たちには、免許はいらないはずです。そういう高齢者たちだけに聞くのではなく、車がなければ生活ができない田舎のお年寄りの声も取り上げるべきでしょう。

このように、マスコミは、強い立場の人間の発言ばかりを取り上げて、それがその集団全体の意見であるかのような印象を与えて、弱い立場の人間を叩きます。いまの日本社会における高齢者叩きも、それに利用されているのが高齢者なのだと私は考えています。

高齢者の間では、平気で弱者いじめが行われる異常さ

弱者いじめという行為は、普通、人間として許されない行為、卑怯な行為として社会には認識されています。しかし、高齢者同士の関係であれば、この弱者いじめが許されているというのが日本社会です。

七〇歳の元気なお年寄りが同じくらいの年齢のボケた老人を見て、「あんなふうになったら死んだほうがましだ」と言ったりすることがありますが、それを世間は差別やいじめと受け取らず、当たり前のこととして受け流してしまいます。

しかし、小学生や中学生が同じクラスの身体障碍者の子どもに対して、「あんなふうになったら、俺、死んだほうがいいや」などと言うことは絶対に許されないことです。もちろん、大人でも大人の身体障碍者や知的障碍者に同じことは許されな

いはずです。それなのに、年を取った老人同士であると、弱者差別がまかり通るということが、いまの日本社会の異常さだと思います。

高齢弱者への暴言を平気で繰り返す高齢者であっても、実は自分自身がいつボケてしまったり寝たきりになってしまうかもわからないのが現実です。それなのにこういった人は、強者でいる間は弱者を差別し、それを悪いことだと気づくこともないのです。

世間は強い高齢者の言うことはありがたがって傾聴し、強いお年寄りは支持されますが、弱いお年寄りの発言には耳を傾けようとさえしません。

そもそも、弱いお年寄りは、認知症になっていたり、寝たきりになったりして、発言する機会もなく社会に対する影響力が非常に弱いものです。

その結果、高齢者のかなりの部分を占める弱いお年寄りの声はどこにも届かず、強い老人の意見だけが、世の中の意見をつくっていってしまうのです。

なぜ日本人は、老いを受け入れられなくなってきたのか

現代の日本人は、以前よりも老いを受け入れられなくなっているのだと思います。その理由の一つには、昔よりも人々が若々しくなったことが挙げられるでしょう。たとえばマンガの『サザエさん』のお父さんである磯野波平は、いまの時代の感覚で言えば、六〇代後半か七〇歳ぐらいに見えるのではないでしょうか。ところが、マンガのなかの設定では五四歳だとされています。

サザエさんのマンガの連載が始まったのが一九四七年（昭和二二年）ですから、当時の五四歳と言えば、一般的にあんな感じだったのでしょう。いまどきの五四歳（一九六二年生まれ）の男性はというと、有名人では唐沢寿明さん、ダウンタウンのお二人などがそうです。波平さんと同じ年とは思えません。読者のみなさんのま

わりの五四歳の方を思い浮かべてみても、波平さんのように老け込んでいる人はそんなにいないのではないでしょうか。

波平さんの奥さんであるフネさんは原作では四八歳の設定ですが、いまの感覚からすれば、どう見ても六〇歳は超えているように見えます。現代の四八歳（一九六九年生まれ）の有名人を見ると、石田ゆり子さん、森高千里さん、ＮＨＫアナウンサーの有働由美子さんなどです。小泉今日子さんが五一歳で、フネさんよりも三つも年上という現実には驚かされます。

昔に比べて、こんなにも現代の日本人は若く見えるわけです。それもこの若返りが急激なスピードで進みました。その結果、「あなたは六五歳です」と言われても、まだまだ若いし、まだまだ働ける現実があり、そう簡単には老いを受け入れづらくなってしまったのだと私は考えています。

サザエさんの連載が始まった頃は、日本人の平均寿命は男性が五〇・一歳、女性が五四・〇歳で、人口の真ん中に位置する日本人の平均年齢が二六歳くらいでした。ところが、いまは四五歳くらいが真ん中で、六五歳以上を高齢者としたら、その人たちが人口の二七パーセント以上を占めています。

日本人が長寿になり、若くしていられる時期が長くなったのですから、これまでのように〇〇歳以上が高齢者といったふうに年齢で高齢者を決めるより、上から一〇パーセントを高齢者としたらどうかという考え方もあります。上から一〇パーセントというと、八〇歳くらいになります。そのほうが現在の実際のイメージに合うかもしれません。

老いを受け入れられなくなった理由としてもう一つ考えられるのが、医学的治療も含めて、アンチエイジングが本当に可能になったからです。ある年齢までは老いと闘うことができるようになりました。

いまや以前のように、「老いてヨボヨボに見える人」や「年寄りに見える人」が周囲から減りました。身近に「老い」と接する機会は減り、多くの高齢者が、実年齢は年を取っていても、みな若々しくしています。それらのことも、私たちが「老い」を忌避し、なかなか受け入れられなくなってきた理由の一つだと私は考えています。

老いると実際に衰える能力とは

年を取ると、ほとんどすべての能力が衰えてしまうと思われがちですが、実際は衰える能力と、衰えない能力があります。

まず、一般知能は意外に衰えません。ですから年を取っても、本を読めたり、新聞を読めたりします。

また、パーキンソン病や脳梗塞などの後遺症がない限り、歩行速度はほとんど落ちません。本や新聞を読んだり、家事を行うといった日常生活における一般的な活動は、年を取っても十分に行うことができますし、認知症になっても、初期の段階では日常の生活能力は落ちないのです。

落ちるのは、スポーツの競技のように普段より力を使わなければならない能力や、いわゆる創造性を発揮する能力、記憶がらみの能力、高次の判断をする能力などです。

それと、意外に知られていないのが、感情をコントロールする能力が衰えるということです。若いときは我慢強かったのに、年を取ってから怒りっぽくなったといったケースがあるのは、性格が悪くなったというよりも、前頭葉の機能が低下したことで、感情のコントロールができなくなったためだと考えられます。

よく暴走老人だとか、切れる老人のことを、「年甲斐もなく」と言いますが、前頭葉の機能が落ちてきているのだから、感情のコントロールが悪くなるのは普通のことなのです。

その意味では、「お年寄りをいたわりなさい」「お年寄りを敬いなさい」という昔ながらの倫理的な教えというのは、感情のコントロールができなくなる傾向のあるお年寄りと接する際に、どうすればお年寄りに精神的刺激を与えないでコミュニケーションを取るかという視点からみて、とても理にかなった教えだと思います。

いま、老いや年寄りを邪魔者扱いする社会になってきていますが、そのことでますます高齢者の感情コントロールの悪さが問題となってくるのではないかと私は心配しています。

感情のコントロールと同じように、前頭葉の機能低下で衰えるのは、新しいことへの対応能力、創造性、意欲、判断力です。もちろん、年を取っても創造性も意欲も判断力も若い人に負けないという高齢者もいますが、一般的には老化とともにこれらの能力も衰えていくと言われています。

感情の老化に続いて、記憶力の低下が高齢になると起こるとされていますが、実は本当に衰えるかどうかわからないという説もあります。エビングハウスというドイツの心理学者が、意味のない三つのアルファベットの羅列を被験者にたくさん覚えさせて、その記憶がどれくらいのスピードで忘れられていくかを実験して調べて、記憶力の特性を調べた曲線をつくりました。これが有名な忘却曲線ですが、その後の実験では、この曲線は、若い人もお年寄りもほとんど変わらなかったのです。

現実には、お年寄りの記憶力低下はよく見られるわけですから、実験は意外な結果だったと言えるでしょう。

しかし、無意味な言葉が実験で用いられた点に着目すると、年を取れば物忘れが多くなるのは、年を取ると関心が薄れて注意力が落ちるためではないかという説も出てきました。要するに意欲が落ちたり、知っていることが増えるので、覚えようとすることに注意を払わなくなるから、ものが覚えられないというわけです。老化と人間のさまざまな能力との関係性については、まだまだ解明されていないことが多いのです。

そもそも老いはいけないことなのか

老いというのはエクスペリエンス、すなわち「経験」と同じ意味であると昔の人は考えていました。

どこの村でも、どこの地域でも、何か問題があれば、経験を積み重ねた年老いた長に何でも相談することができました。「長老に任せておこう」「古老に相談しよう」というように、まわりも年老いた長に対して深い信頼を寄せ、尊敬の念を抱いてきたわけです。

ですから、かつては老いとは忌み嫌うべきものではなく、価値のあるものだったわけです。

また平均寿命がいまのように長くない時代にあっては、それこそ八〇歳を過ぎてまで生きている高齢者は非常に幸運で、長寿はとてもめでたいことでもあったのです。

それがいまでは、老いて体が思うように動かなくなったり、認知症になったり、寝たきりになったりといったように、加齢に対するネガティブなイメージばかりが先行し、老いは忌み嫌われる対象となっています。

しかし、けっして「老い」はそこまで忌避されるようなものではありません。作家の赤瀬川原平さんは、ベストセラーとなった『老人力』という本のなかで、その名のとおり、「老いの力」というものを説いています。

それは、医師の日野原重明さんや作家の瀬戸内寂聴さんのように、高齢になっても若い人に負けないくらいに頑張れることを述べたものではありません。もちろん、日野原先生や寂聴さんのようにいつまでも活躍されているのは素晴らしいことです。

しかし、赤瀬川さんが言っているのは、たとえば、若いときは気になっていたことが、年を取って気にならなくなったとか、これまでだったら嫌いで忘れられなかったことが、忘れられるようになったとか、老いることでいろいろと達観できるようになったり、あきらめることができるようになったりする人間的な成熟のことであり、それを「老人力」と名づけたわけです。

この力は若いうちに身につくものではなく、老いたからこそ得られるものなのです。そんな素晴らしい力を長い人生経験のなかで培ってきたわけですから、お年寄り自身もそちらの部分に着目して、もっと老いに誇りを持っていいと思うのです。

三つある差別の段階

差別というのは三段階あると私は考えています。

一つ目は、心のなかで思う段階です。たとえば認知症の老人を見て、「あんなふうにボケたくはない」などと思ったりするのは、心のなかで認知症の老人を差別的に見ていることになります。

二番目は、口に出して言うことです。思っているだけなら他人にはわかりませんが、口に出して言うとなると、それがまわりに何らかの影響を与える可能性があります。その点を考えると、「思っただけ」と比べて、差別の度合いが強いと言うことができます。

三番目は、言葉で止めておかずに、差別を制度化してしまうことです。これがいちばんひどい差別だと考えます。

「高齢者に自動車を運転させるな」という方向で動いている我が国の現状がそれに当てはまります。つまり、日本の政府は、高齢者から免許を奪うという差別を制度化しようとしているのです。

それは差別ではないと言う人もいるかもしれません。「認知症の老人が交通事故を起こす事件が多いのだから、認知症の恐れがある高齢者から免許をはく奪してもいいだろう」という発想です。しかし、これについては前にも述べましたが、実際は高齢者による事故の件数は若い人ほど多くはないのです。免許の取得年齢を引き上げて若い人に運転させないということを同時にやるのなら、差別といえないかもしれませんが、高齢者だけ取り上げるなら差別と言われても仕方ありません。

また、物事にはメリット、デメリットがあります。高齢者から免許を取り上げることで、高齢者の運転事故は減るでしょうが、これまで事故を起こさなかった大多数の高齢ドライバーが自由に運転する権利が制限されてしまうというデメリットも発生します。また、自転車に乗り換えることが、本人にも周囲にも余計に危険だという話もあります。

本来は客観的な数値をもとにして、メリット、デメリットの議論があって、社会的合意はなされるはずなのですが、高齢ドライバーの権利を主張するものはほとんどなく、老人だけを一方的に不当に扱う制度が実際に実現されようとしています。

このように見てくると、日本の高齢者をめぐる環境は、「制度化」という最もひどい差別の段階までできていると言えると思います。

私たちの考えている高齢者像は、すでに時代遅れになっている

お年寄りは早寝早起きだと思っている人がたくさんいるはずです。しかし、それは農業従事者の多かった昔の話で、いまは事情が違っています。

かつてクレージーキャッツのメンバーの植木等さんが「無責任男」シリーズの映画で演じた主人公は平均（たいら・ひとし）という名前でした。読み方を変えれば「平均（へいきん）」です。植木さんは昭和三〇年代の平均的なサラリーマンの役を演じていたわけです。主人公は三流大学を卒業し、接待でゴルフをやったり銀座で飲んだりするなど、お気楽なサラリーマンという設定で、その無責任さや、いい加減さが面白くてシリーズ化されました。

その頃の平均的なサラリーマンが、いまは八五歳を超えています。若いときにゴ

ルフをしたり銀座で飲んだりしていた人が、高齢になったからといって早寝早起きをするようになるでしょうか。もちろん、そういう人もいるとは思いますが、社用族と言われ、会社のお金で夜な夜な飲み歩いていた人たちですから、高齢になっても、夜遅くまで起きていてもおかしくはないのです。

ところが、夜のテレビ番組は、若者向けばかりです。深夜枠の番組も若者向けで、お年寄りには面白くないので、BSのテレビショッピングを見て、ついつい商品を買ってしまうということが起こっているのです。

フジテレビはいま、視聴率が低迷していてなかなかスポンサーがつかない状況なのですから、相談役となった元会長の日枝久さんが、自分が見て面白いと思う高齢者向けの番組をつくるように制作スタッフに指示すればいいと思うのです。実際、『やすらぎの郷』はかなりの高視聴率をとっているのですから。

BSに儲けさせるために、わざと地上波でお年寄り向け番組をつくらないのではないかと疑うほどにお年寄り向けの番組が少ないのです。

また、お年寄りはあっさりしたものを食べたがるという話もよく聞きますが、それも高齢者に対する勝手な思い込みです。

いまの高齢者は、若いときから肉食が当たり前の時代に生きてきたわけですから、中年ぐらいまでずっとステーキが好きだったという人は、八〇を過ぎてもステーキが好きなのです。それなのに、年を取ればみんなあっさりしたものを好むと決めつけるのは、人間の趣味趣向や嗜好の連続性というものを認めていないということになります。

たしかに、人間としての成熟の過程で、若い頃に好きだったものが、中年になる頃に変わるということはあります。二〇歳のときの食べ物の好みが、四〇歳ぐらいになると変わったということはあるのですが、四〇代で、その頃に和食が好きだったら、八〇歳になっても和食が好みですし、四〇代に肉が好きだったら、八〇歳を超えても肉が好きなものです。異性の好みも、二〇代と四〇代とでは変わっても、四〇代と八〇代ではそれほど変わらないというのが私の観察です。

服の好みにしてもそうです。丸の内のような都心で働いていた人が、年を取ったからといって、地味な服を着たがるようになるかといえば、そうではないはずです。

地方のお年寄りもテレビが普及した時代に生きてきたわけですから、都会に暮らしてきた人とそれほど嗜好がかけ離れていないはずです。

ところが、大手スーパーの衣料品売り場などには、高齢者用として、暗い地味な色合いの服ばかり置いているわけです。先ほど言ったように、趣味趣向や嗜好の連続性というものを前提に入れず、マーケティングもおざなりにやって、「年寄りはこうだろう」という思い込みで商品を仕入れているのです。

かつて特養では、利用者のお年寄りがみんなで歌を歌うときに、童謡を選んでいたのですが、幼児扱いをされていると、童謡を歌うのを嫌がる人がいたことで、いまでは歌謡曲を選曲したり、カラオケ大会などを催したりしています。認知症の人も含めて、童謡よりも、自分たちが若いときによく歌った曲を歌うほうが楽しいに決まっています。

私の世代ではカラオケでいまでも若い頃から聞き続けてきたサザンオールスターズやユーミンを歌う人がけっこういますが、そういう人は八〇代になっても変わらずに同じ歌を歌うでしょう。もう一〇年も経てば、特養でみんながビートルズを歌っているのかもしれません。ビートルズ世代が要介護高齢者になっていくのですから。

私たちのなかには、これまでの経験をもとに、「お年寄りはこんなものだ」という思い込みがあるものですが、その多くは、すでに時代遅れのものになっているのでしょう。そういった高齢者への先入観は、もはや必要のないものとなっています。

どのように老いるか誰にも選ぶ権利がある

ここ一〇年、二〇年のことですが、外科の手術に関しては日本でも他の主要国並みにインフォームド・コンセントが行われるようになりました。手術を受ける前に十分な説明を受けたうえで、それを受けるかどうかを患者さん自身が判断するというやり方です。

そういうことから、乳がんになって手術で乳房を摘出するかどうかを判断するときに、乳房を残す治療を選んだり、フリーアナウンサーの小倉智昭さんのように、膀胱がんで膀胱の摘出手術をするという話になったときに、男性機能が失われたり排尿がスムーズでなくなったりするのは嫌だということで、遺伝子治療に代えてもらうといったことが可能になっているわけです。

ところが、お年寄りが病院で、血圧が高いと診断された場合、当たり前のように血圧を下げる薬を処方されるわけですが、このときに、薬を飲むかどうかといった選択肢を提示されることはほとんどないのです。

つまり、インフォームド・コンセントなしに治療を受けているお年寄りが多いわけです。

こんなことを言うと、「高血圧の老人が薬で血圧を下げるのはいいことではないか?」と疑問を抱く人もいるかもしれません。しかし、たとえば一八〇あった血圧を一二〇ぐらいの正常値まで下げたりすると、通常は元気がなくなるのです。数字の上では正常でも本人にとっては低血圧の状態になりますから、だるい状態がずっと続きます。また塩からいものが好きな人にとっては、食べたいものを食べずに残りの人生を過ごすことになります。

だとしたら、「薬を飲むと血圧は正常値になってあと三〇年は生き続けられます。そのかわり、体はだるくなります。薬を飲まなければ、高血圧だけど頭はシャキッとしています。でも何かの病気になって、二〇年くらいで（実は現代医学では、欧米のデータはあっても日本人が薬を飲まないとどのくらい平均的にみて寿命が下がるのかのデータは存在しないのですが）寿命を迎える可能性もありますが、どちらを選びますか」ときちんと説明をして、患者さん自身にそれを決める権利を与えるべきなのです。

高血圧だけでなく、コレステロールや血糖値なども、むしろ高いほうが元気でいられることが多い数値ですから、いわゆる正常値にするために薬を飲むかどうかを患者さん自身が選んでもいいはずです。しかし実際は、インフォームド・コンセントなしに、医者の判断で薬が投与されている現実があります。医者は患者さんに長生きをしてもらいたくて薬を飲ませようとしますが、その薬で日常生活レベルが低くなり、不調を感じながら年老いていくことを考えれば、薬を飲まないほうを選んでもいいわけです。どちらの道を選ぶかは、どういう老いを迎えるかを考えている患者本人が決めるべきことなのです。

老化現象をどう受け止めるか

私は、老いに対して、二つの受け止め方があると考えています。

一つは、そのなかにもよさがあると思い受け止めること。もう一つは、嫌なもの、避けるべきものという意識で受け止めること。当然、高齢化が進み、お年寄りの比率が多くなった社会に生きる私たちに求められているのは、前者の姿勢でしょう。

赤瀬川さんも『老人力』で述べていますが、老いは人間的な成熟であって、そこにプラス面もあるということです。身体機能や脳の機能がだんだん衰えることで、くだらないことにこだわらなくなったり、嫌なことだって忘れることができるようになります。

若づくりばかり多い世の中ですが、逆に、老けた顔や老いた雰囲気が、相手を安心させることだってあるでしょう。

そうやって老いることにも、よさを見出そうという発想を持つことが、私たちが老いを受け入れる第一歩だと思います。

しかし多くの人が、老いをネガティブなものとして受け止めていますから、老いを受け入れられずに、老化現象を止めなければという強迫観念にかられるわけです。美容整形でシワを伸ばしたり、筋肉の衰えを改善するために運動をする人も少なくありません。ボケ防止のために脳トレドリルなどをしている人もいるでしょう。

しかし、いくらボケ防止対策や認知症予防などをして物忘れをしないように心掛けても、最終的にはどうしても物忘れをするでしょうし、身体的にも骨が弱るなど、衰えていくことは避けられないという現実があります。

私自身、アンチエイジング医療を取り入れているくらいですから、老化現象をなるべく遅らせたほうがいいと考えています。

たとえば寿命が八五歳だとしたら、八〇歳ぐらいまではなるべく若々しくしていられるほうが、七〇歳ぐらいでヨボヨボになって、残りの一五年をヨボヨボのまま送るよりもいいと思うのです。

もちろんこれはクオリティ・オブ・ライフの観点から述べているわけで、七〇歳でヨボヨボになってしまったお年寄りが劣っていて、吉永小百合さんのように七〇歳を超えても元気でキレイな人が優れている、という話ではありません。

私が言いたいのは、老化を遅らせたほうが、体だって動きやすいし、頭もシャキッとしていて、顔も鏡を見たときにがっかりしないでいられるほうがいいのではないか、ということです。

もちろん、こういう考えを人に押しつけるつもりはありません。

「年を取ったら、頭がハゲて、シワだらけになって、それが当たり前でいいんだ」という考え方の人は、それはそれでいいと思います。

ケネディ元駐日米大使が日本に赴任したときに、「顔のシワが多い」と言う人がたくさんいましたが、彼女はポリシーとして人工的な美容治療などに全面的に反対している人なので、「セレブのくせにシワが多い」といった批判をするのはお門違いです。

老いることは何も汚いことでも、みっともないことでもありません。たとえば、赤ちゃんがおむつをしていたり、うんちやおしっこを漏らしても、誰も、汚い、みっともないとは思わないでしょう。お漏らししても、言葉がしゃべれなくても、赤ちゃんだから仕方ないと、むしろ喜んで見ているはずです。

それなのに、高齢者が老いて自分のまわりのことができなくなって、寝たきりになったりすると、惨めなことのようにとらえて私たちは老いから目を背けようとします。でも、実はお年寄りも、赤ちゃんに戻っていっているだけかもしれないのです。人間は最後に、人生のスタートに、また戻っていくものなのかもしれません。老いて赤ちゃんのように返っていくことも自然だし、天寿をまっとうしているという意味において、これはハッピーな状態だとも言えます。かなり究極の考え方ではありますが、私は老いについて、このように考えています。

第3章

「嫌老社会」の行きつく先とは？
～『相続税一〇〇パーセント論』

二〇年後の嫌老社会の実態

さて、ここまで述べてきたような、高齢者を差別する風潮、老いを忌避する「嫌老社会」がよりいっそう進んでいくと、この先の私たちの社会はどのようなものになっていくのでしょうか。

現在の財政状況を鑑みると、高齢者が増えれば増えるほど消費税は上がっていくでしょう。二五パーセントになっているかもしれません。社会保険料も上がり、サラリーマンの給料から、四割くらいが天引きされるような事態になっているかもしれません。

すべてそれらの負担増が、高齢者のためであると政府は説明して、導入されることは間違いないでしょう。実際はそれだけが理由ではないのですが、高齢者の増加、超高齢社会の進展を理由に、若い人たち、現役世代の負担が増やされるのですから、若い人たちは高齢者を憎んだり、お荷物とみなすようになっていくでしょう。

後述しますが、私は相続税を一〇〇パーセントにすれば、この社会保障費の財源の問題はすべて解決すると考えていますが、政府としては、金持ちの相続財産を守る方向性で消費税や社会保険料を増やす政策を進めると思いますので、ますます「嫌老社会」はひどくなっていくと予想されます。

日本の場合は、弱者が、より弱者を叩くという構造ができあがっています。かつて生活保護バッシングがありましたが、そのとき先頭に立って叩いていたのが、いわゆるワーキングプアといわれる層の人たちです。自分たちは一生懸命働いてもこれしかもらえないのに、働かない人間がなぜそんなにもらうのか、といった批判です。

嫌老社会が進んだ社会でも、若い人たちなど生活が苦しい勤労者層による、「これ以上、老人にお金を使うな」といったバッシングが激しくなるはずです。

このような殺伐とした社会になるのも、そもそも格差社会が深刻化していくことが理由でもあります。

いまだに日本政府は景気対策として、社会の生産性を上げようとしていますが、これは大きな間違いと私は考えています。金持ち減税などという政策も、税金を高くすると金持ちが働かなくなるので、減税して金持ちの生産性を上げようというものです。

しかし、いまや日本社会は消費をはるかに超える過剰な生産になっているのです。いくら生産性を高めても、逆に物は余り、消費不況は続きます。むしろ生産を抑えるくらいで、ちょうどいいのです。

生産性を上げようとするかぎり、格差はどんどん大きくなるのです。これは経済学者のケインズが八〇年も前に言っていることです。ケインズの基本的な考え方は国全体の消費性向を上げていこうというもので、所得の再分配をすることによって消費を増やそうというものです。たとえば年収一億円の人は一億円すべては使いません。せいぜい一〇〇〇万円か二〇〇〇万円使うくらいですが、年収三〇〇〇万円の人は、食費や住宅費、教育費などにすべて使い切ってしまうと考えられます。よって、お金持ちから税金をたくさん取り、それを所得の低い人に回せば、消費が喚起できるという考え方です。

まさに、いまの日本社会にとって必要な施策と考えられます。景気が全く回復しないなか、格差が広がり、消費税は上がる一方、可処分所得がどんどん減らされ、しかも、それが高齢者のためであるとなれば、嫌老社会はますます加速し、高齢者バッシングはいまよりもさらに激しいものになるのは当然の結末です。

今後高齢者が人口の四〇パーセントほどを占めるようになるのですから、お年寄りがそういうバッシングに対抗して、「若い人がもっと頑張って稼げばいいんだ」「票を握っているのは自分たち高齢者だ」と開き直ることができればいいのですが、おとなしい日本のお年寄りたちは、おそらくシュンとなってしまうのでしょう。

また、高齢者にすべての責任転嫁をする金持ちのロジックが、メディアでも喧伝されることになるでしょう。すると一般大衆は簡単にだまされてしまうので、老人がさらに敵対視されるようなひどい社会になっていく可能性があります。

人間の尊厳すら奪われかねない近未来の高齢者

前項でも述べましたが、日本政府はいまだに生産性を高めれば、景気がよくなると考えています。しかしそれは、明らかに時代遅れでしょう。いまや生産過剰にあって、それゆえ消費不況となっているのが日本社会です。

それなのにいまだに「生産性神話」に取りつかれているということは、ある種、危険なことでもあるのです。女性も社会進出して働き、高齢者も定年を延長して働くということは、生産性の向上を目指してのことでありますが、こういった価値観からすれば、生産性の落ちた高齢者は社会において価値のない存在とみなされるようになっていきます。

体が弱って働けない高齢者は、まさに生産性の低い人間として馬鹿にされ、低く見られるようになり、それがエスカレートすると、「生産しない高齢者にはここまでの医療を提供する必要はない」といった見方が出てくるかもしれません。寝たきりの高齢者に大した医療を提供しなくてもいいとなれば、そのうち、「寝たきり老人」に食べ物を与える必要もない、というところまでなってくる可能性があります。「貯金のない高齢者はこれまで怠けていたのだから、年金をやる必要はない」ということになっていくかもしれません。

これはけっして、大げさに言っているわけではありません。

かつて私は、脳死を人の死とみなそうとする動きに対して、反対運動に参加しました。「いったん、脳死状態の人を生きている人間ではないとみなすような制度ができてしまったら、今度は植物状態になった人を人間ではないとみなすようになる」と考えたのです。当時の、脳死容認派は「そんなことはあり得ない」と強固に主張していたのですが、現実にいま、尊厳死の名のもとに、そういう動きが起こっているのです。

「脳死状態の人は人間ではない」「植物状態の人は人間ではない」ということが当

たり前になってくると、今度は「寝たきりの老人は人間ではない」という話になってくる危険性は十分にあります。

実際すでに、「寝たきりで意識のないお年寄りに点滴を打つのはかわいそうだ」と言って尊厳死を推進している医者たちが出てきています。本人は寝たきりで意識がないのですから苦しんでいるかどうかもわからないのに、どうしてかわいそうだと決めつけることができるのでしょうか。恐ろしい話です。

人間は生まれ、生きているだけで意味があるのです。命の尊厳については、さまざまな議論がなされてきました。たとえばお母さんのお腹のなかにいる胎児の場合、「何ヵ月までは人間とみなさないが、何ヵ月以降なら人間だ」といった見方や、「そもそも受精卵の段階ですでに人間だ」という見方などもあり、アメリカなどでは人工中絶禁止論が根強く支持されたりもしています。

このように幼い命に関しては細心の注意を払って、その命について議論がなされているのに、お年寄りについてはどうでしょうか。高齢者も当然、生きているかぎり人間として扱われるべきだと私は思います。

高齢者は生きているだけでは、ダメなのでしょうか。そんなことは決してないと、私は信じています。

相続税一〇〇パーセントにすれば、高齢者が大事にされる社会になる

高齢者を差別し、邪魔者扱いをするような風潮を生み出しているのが、超高齢社会による社会保障費の増大によって国の財政が圧迫されているという見方です。このような指摘がメディアを通じ常時なされることで、高齢者が社会のお荷物であるかのような印象が植えつけられています。

このような現状を解決するためには、「相続税一〇〇パーセント論」しかないと、私は機会があるたびに主張してきました。

平均寿命がいまよりも短かった昔は、親の遺産が入ってくるのは人生で一番お金が必要な三〇代、四〇代ぐらいでした。入ってきたお金は、子どもの教育費や家のローンなどに充てられ、消費されました。

しかし、いまは親も長生きになり、子どもが定年退職を迎えた六〇歳くらいか、それ以降に遺産が相続されるケースがはるかに多くなりました。

そのような年であれば、自分の子どももほぼ独立していますし、住宅ローンも完済しているか、完済していなくても退職金の一部を使えば完済するという状況ですから、それほどお金が必要ではなくなっています。

つまり、さほどお金の必要性もない年配者のところに、さらに遺産が入り、裕福な生活を送ることにそのお金は使われるか、貯金されそのまま蓄えられます。おそらく後者のことが多いからお金が回らず、景気が悪いのでしょう。これは、お金がない若い人たちからは税金としてお金を吸い上げながら、豊かな高齢者はさらに豊かになるという構造です。以前であれば相続にもそれなりの意味もあったと認めますが、現状では残念ながら、格差を拡大するだけの制度となっているのが現実です。そんな年を取ってから親の家や貯金をあてにするのではなく、若いうちに消費税などの負担が軽い社会のほうが、明らかに健全だと私は思います。

もし、相続税を一〇〇パーセントにすることができれば、高齢者福祉の財源を確保することは十分可能です。いま日本の個人金融資産は二〇一六年末に一八〇〇兆円を超えたとのことですが、そのうちの約七割が六〇歳以上の高齢者が保有しているというデータがあります。不動産資産は、世帯平均で約二八〇〇万円だそうですから、世帯数をかけると約一五〇〇兆円ということになります。これがおよそ三〇〜三五年かけて相続されるというから、金融資産と不動産資産で年間一〇〇兆円程度の資産が相続されていることになります。二〇一四年の社会保障費の総額がおよそ一一六兆円で、うち年金、介護保険など高齢者にかかる部分が約五五兆円ですから、相続税を一〇〇パーセントにすることができれば、それだけで十分賄えることになります。不動産まで取り上げるのがかわいそうだから、金融資産だけを一〇〇パーセントにするとしても、現行の年金や介護保険や医療保険料の負担のままで、消費税だって、未来永劫上げなくて済みます。

またもう一点、相続税を一〇〇パーセントにすることには利点があります。もし、遺産がすべて税金に取られてしまい、自分が死んでも子どもたちに財産を残せないとなれば、お年寄りも生きているうちにお金をどんどん使い切ってしまおうという動きをする可能性は小さくありません。

資本主義とはある意味、お金を使う人、消費する人がありがたがられるシステムです。ですから現在は、「お金を使わない高齢者」は軽んじられ、邪魔者扱いされているのですが、これがお金をどんどん使うようになると、お年寄りたちも大事にされる社会になるはずです。高齢者向けのサービスや商品、テレビ番組などがたくさん増え、社会のなかの中心に位置するようになります。高齢者によるブレーキとアクセルの踏み間違えによる事故にしても、免許を取り上げようという話ではなく、国が補助金を出すなどして、新しい安全機能を持った車を購入することをサポートする方向に世論が動いていくに違いありません。自動車市場にも特需が生まれ、経済も活性化すると考えられます。

このように相続税を一〇〇パーセントにすることが、社会問題を解消する最も有効な手段だと私は思いますが、政府は、金持ちたちの個人資産にはほとんど手をつけようとはしないのです。競争社会や資本主義の理念を捨ててしまっているのではないかと、私には感じられてなりません。

超高齢社会は悪いことではない、チャンスだ

「高齢化社会」という言葉がよく使われますが、実は国際基準に従ったきちんとした言葉の定義があります。国連やＷＨＯの定義では、総人口に対して六五歳以上の高齢者の人口が占める割合を高齢化率と言い、高齢化率が人口の七〜一四パーセント未満の場合を「高齢化社会」、一四〜二一パーセント未満を「高齢社会」、二一パーセントを超えた社会を「超高齢社会」と言うのです。日本が初めて「高齢化社会」となったのは一九七〇年で、二四年後の一九九四年に「高齢社会」となり、そして二〇〇七年に高齢化率が二一パーセントを超えて「超高齢社会」になったわけです。

一般に高齢化は悪いようなイメージがありますが、私自身は高齢者が増えること

は二つの側面で、よいことだと考えています。

多くのエコノミストが少子高齢化したことで生産性が減って、景気が悪くなっているると考えていますが、実はこれは間違いです。

人類の歴史を振り返ると、消費に生産が追いつかない時代が長く続きました。それが、産業革命によって機械が発明され、それによって生産性が高まり、人類の文明が発達し、人々も急増してきたわけです。それでも、なかなか消費に生産が追いつくことはできなかったのですが、一九九〇年代半ばに入って、ついに生産が消費を追い越してしまったとセブンアンドアイホールディングスの鈴木敏文前会長がおっしゃっていましたが、おそらくそれは正しい話と思っています。少なくともいま、私たちの社会は生産過剰となり、消費が追いつかない状態になって不況となっているわけです。

農業では、豊作のために農作物の価格が下落し、困窮することを豊作貧乏と言いますが、同じように漁業でも、魚が獲れ過ぎて豊漁貧乏になってしまうことがあります。このような場合、野菜や魚を捨てたり、あるいは休漁するなどして値崩れを防ぎます。

　米も、市場に出回り過ぎると値崩れを起こすために、減反政策をとり続けています。人類の歴史は飢餓との闘いだったと言えるわけですが、日本も昔から少しでも米の収穫を増やすことに躍起になってきました。その流れのなかで、いまから五〇年くらい前に減反政策を行ったわけですから、その頃の農業政策責任者というのは常識にとらわれない、非常にセンスのある人だったと言えるでしょう。

　つまり、生産性が消費を上回ったら、本来は生産を抑え、消費を促す必要があります。そういった視点で見ると、高齢者は生産をせずに、消費だけしてくれるありがたい存在です。いまよりもお金を使ってくれるのであれば、高齢者が増えれば増えるほど社会にとっては都合がいいはずなのです。

　また、もう一点、超高齢社会の利点を言えば、それは新しいビジネスチャンスであるという点です。相続税を一〇〇パーセントにすることで高齢者がお金をどんどん使うようになれば（別にそんなことをしなくても、お金を使ってくれればいいのですが、このくらいドラスティックなことをやらないと動かないような気がしています)、高齢者向けのITが開発されたり、いまよりも優れた宅配システムが考えられたり、高齢者向けのレストランやグルメチェーン、あるいはサービス業、自費診療の高級医療なども登場してくるかもしれません。

このように高齢者向けのサービス、商品などの市場が創造されます。高齢化は日本だけの問題ではなく、ほとんどすべての先進国で進行している問題です。ただ、日本ほど急速なスピードで高齢化が進んでいる国はそうないでしょう。

いまのうちに、日本が高齢者向けの新たなビジネスモデルを開発すれば、それが世界市場を支配することも可能です。日本の高齢者があまりお金を使わず、韓国や中国の高齢者のほうがお金をどんどん使って高齢者向けの優れたサービスや商品を先に開発してしまうことがないよう、日本は一刻も早く相続税を一〇〇パーセントにして、高齢者にお金を使ってもらうことを私は願っています。日本には高齢者向けのビジネスにおいて、強い国際競争力を持つチャンスがあると思うのです。

相続税一〇〇パーセントと言うと、他国で例がないとか、廃止した国もあるといった反論が出るかもしれませんが、どこの国よりも早く日本が超高齢社会を迎えているわけですから、よその国がやっているかどうかを気にするよりも、むしろよその国がやっていないからこそやるべきだと私は思います。

高齢者は金を使わないという
イメージをつくる広告代理店の大罪

以前、テレビ関係者の方から、「あの番組はとても視聴率がいいんだけど、視聴しているのが高齢者ばかりだからスポンサーがなかなかつかないんです」といった話を聞いたことがあります。

高齢者はお金を持っていない、あるいは持っていてもなかなか使わないので、高齢者が見るような番組には、スポンサーになりたがる企業が少ないということを意味しているのだと思います。

しかしこれは、広告代理店の「高齢者は金を使わない」という印象づけの結果だと私は思っています。実際、通販番組などの売り上げデータでは、若い人よりも高齢者が購入しているはずです。

広告代理店もテレビ局も、本来であれば、高齢者の消費を掘り起こすような営業、番組づくりをしてもいいはずですが、現実は、テレビをつけると、どの局も特に夜以降の時間帯は、若者向けの番組に終始しています。高齢者の存在は隅に追いやられ、まるで無視されているかのような放送がなされているのが現実です。

ここまでテレビというメディアから高齢者がないがしろにされているのは、電通などの広告代理店が高齢者はお金を使わないものだと決めつけて、スポンサー獲得に動かないことに原因があると思われます。もちろん、若者向けの番組をつくるほうが、若いタレントを使うことになるので、広告代理店やテレビ局の人に楽しいことがあるのかもしれませんが、私は、電通の最大の罪は過重労働というブラックな企業体質ももちろんですが、高齢者にこのような間違ったイメージを持ち、それを流布していることにあると思っています。

しかし、相続税を一〇〇パーセントにすれば、明らかにいちばんお金を使う層がお年寄りになると思われますから、さすがの広告会社も売り込みをかけ、結果、高齢者向けの番組が増えていくはずです。高齢者向けのテレビ番組が多様化すれば、視聴するお年寄りの脳も刺激され、老化防止にもつながるはずです。

ただし、相続税一〇〇パーセントの施策は、高齢者福祉の充実とセットでなければいけません。そうでなければ、消費刺激にはつながりにくいからです。老後の不安を抱えたままでは、仮に残った金が全部相続税で持っていかれるとわかっていても、高齢者もお金を使うのを控えようということになりますから、一定以上の要介護状態になれば必ず特別養護老人ホームに入れるように、特養待ちをゼロにする、資産や収入が一定より少ない場合は、医療費を無償化するなどして、高齢者を最期まで面倒をみることを保障する社会づくりが必要です。そうすれば、高齢者は安心してお金を使うことができ、それが生きたお金として社会に循環することになるのです。

老人医療費は、本当はこんなにかからない

高齢者をバッシングする一つの理由として、老人医療費にたくさんのお金が費やされているということがありますが、実際は、高齢者の医療費はもっと抑えられるものだと私は考えています。

適正な薬の使い方をすれば、老人医療費はいまのようにはかからないはずです。たとえば、血圧が高くて薬を飲んでいる高齢者が多いのですが、七〇代のお年寄りに対して、若い人に出す薬の量と同じだけ出すからお金がかかるのです。

高齢者の場合は、ちょっとした異常値でも薬を飲まなくてもよいことが多く、若い人と同じ量の薬だと、かえって調子が悪くなることがあります。

一つには、高齢者の場合、体の水分が減り脂肪分が増えるので、薬が体にたまり

やすいということがあります。また飲んだ薬を分解する肝臓の機能が衰え、排泄する腎臓の機能も衰えるので、多くの薬が血液中に長くとどまる傾向があります。飲んだ薬の血液中の濃度がピークから半分になるまでの時間を半減期というのですが、それが倍くらいになる薬もままあるのです。

また、血圧や血糖値を下げるのは、一〇年後、二〇年後の動脈硬化や脳卒中を予防するという意味が大きいのですが、一定以上年を取っている人にとっては、先のことを考えても仕方がないという側面もあります。

また年を取るほど薬の副作用が強くなるので、薬によって下がる死亡率と副作用によって上がる死亡率の差がだんだん小さくなるという側面もあります。ある調査では、八〇歳を超えると、血圧の薬を飲むのと飲まないので、死亡率が変わらないというデータもあります。

実は、九〇年代の半ばに、「老人病院」と呼ばれるところが、高齢者を薬漬けにして儲けているという批判を受けて、いくら薬を出したり、点滴をしても病院に入ってくるお金は同じという定額制が採用されることになりました。すると、これまではちょっとでもデータの異常があれば薬や注射をしていたのが、なるべく出さなくなり、使う薬の量が三分の一に減ったそうです。

この話を聞くとひどい話に聞こえますが、その後日談は意外なものでした。有名な老人病院の院長がはっきりと明言しているのですが、それによって寝たきりの高齢者が歩き出したというのです。薬を減らすほうが高齢者が元気になる可能性は十分にあるのです。そして本当に三分の一でいいのなら年に五兆円くらいのお金が浮くことになります。

本来なら、老人医療を専門に研究しているはずの老年医学会や、東大医学部の教授などが、高齢者に負担のない薬の量などを研究してしかるべきなのに、そういうことをしてこなかったのです。ここでは、あえて詳しくは書きませんが、この学会のボスの個人的な事情がからんでいたとされますが、ほかの老年医学の大家と言われる人たちも、薬を使えば使うほど製薬会社から莫大な寄付金が入ってくるという構図があったのはたしかです。ですから、薬を減らしたほうがいいという話にはならないし、薬を減らす努力もしてこなかったわけです。

東京では老人医療費が増えたのは、美濃部都知事のときに老人の医療費を無料にしたときなのですが、そのときにいちばん老人を食い物にしたのは、現実には、前述の「老人病院」といわれるところでした。病院と言ってもその実態はひどいもので、たいして広くもない部屋に一〇～二〇床のベッドが置かれ、お年寄りがただ寝かされているだけなのです。医者も週に一回来るかどうかで、おむつも一日に一回くらいしか替えてもらえず、そのくせ検査だけはしょっちゅうやって、検査データに少しでも異常があるとすぐに点滴をし、患者さんを点滴漬け、薬漬けにしてぼろ儲けをしていました。病院とは名ばかりの、外来もない、ある種の収容施設のようなところだったのです。

マスコミはこういう病院をろくにルポしないで（厚生労働省のほうが先に、これではお金がもたないと気づいて定額制にしたのですが）、待合室にたくさんの元気なお年寄りがいる町医者を、「老人を食い物にしている」「こういう病院があるから老人医療費がかさむのだ」と断罪してきました。こういった町医者は実際に毎日、五〇人、一〇〇人といったお年寄りにちゃんと聴診器を当てて診察を行っているわけで、それだけでも薬漬けの老人施設よりははるかにましだったのですが、何より重要なのは、名医の町医者が診る高齢者は元気になっていたということです。

ただ実際に、高齢者をこれまで食い物にしてきた医者や製薬会社、医療施設があったことは事実であり、高齢者の医療費の増大を問題にするのであれば、それは「タダだから病院に来る」などと言って高齢者に責任を押しつけるのではなく、そのような医療の側に追及すべき問題とも言えるのです。

高齢者のために、財政がひっ迫しているというウソ

私は、この国は、政府も国民もニュースに流されて、国の進む道が決められていくと感じています。そこには統計的、客観的な視点が欠如しています。

老いは避けようがなく必ずやってきますし、認知症も非常に高い確率で発症しますが、「誰も明日は我が身」と考えず、特別養護老人ホームの不足は放置されたままです。

高齢ドライバーの事故にしても、実際に事故を起こしているのは高齢者より、若年層のほうが圧倒的に多いのに、ニュースを見て国民が大騒ぎをすることで国の政策が変わってしまうのです。

たとえば、「高齢者が増えると財政がひっ迫する」とまことしやかにニュースな

どで言われていますが、これも客観性が乏しい感情に訴えかけるニュースの一種です。

各省庁が発表している数字を見ると、それがいかに真実とかけ離れているかがわかります。

たとえば老人の医療費は、年間一二兆円強で、日本のＧＤＰ（国内総生産）が約五〇〇兆円ですから、そのうちのわずか二パーセントでしかないのです。

さらに、現在、特別養護老人ホームの入所者がおよそ五〇万人で、入所待ち数も約五〇万人ですから、一〇〇万床あれば全ての人が入所できるということになります。一つのベッドにかかる年間維持費が約四〇〇万～五〇〇万円（このくらいあれば介護職員の給料は少し増やせます）として、全て合わせれば約四兆～五兆円が必要になります。自己負担を引けば公費の出費は四兆円は超えないはずです。この金額はかつての道路特定財源の金額より少ない額です。前にも述べたように、莫大な国の借金は高齢者がそれほど多くない時代から公共事業によって積み上がってきたものなのです。そのお金を、高齢者の安心や介護をする家族が働けるようになるのに振り分ければいいだけの話です。

つまり、これはGDP五〇〇兆円に換算すれば、その約〇・八パーセント、二〇一六年度の一般会計予算で言えば、九六兆円のうちの四・一パーセントを充てれば、誰でも特養に入って安心して介護を受けることができるという計算になります。寝たきりや一定以上のレベルの要介護状態になれば、確実に施設で面倒をみてもらえるなら、相続税が一〇〇パーセントにならなくても、老後にもっとお金が使えると思う人は少なくないはずです。

ですから、本当はそんなにお金がかかるものではないのに、まるで国家予算の大きな部分が高齢者のために使われているかのように喧伝されているわけです。しかし、国民は、そのような政府の言葉を疑いもせず、信じ切ってしまっているのです。

日本人は、もう少し数字で物事を判断するようになる必要があると私は思います。

巨大格差社会は何をもたらすか

現代は格差社会と言われていますが、おそらく二〇年後、三〇年後には、いまとは比較にならないほどの巨大格差社会が生まれるのではないかと思います。

ＡＩ（人工知能）とロボットが本格的に実用化されるからです。現在も徐々にその技術が社会に浸透していますが、いま人間がやっていることの多くがやがてＡＩやロボットに取って代わられ、失業率は六〇パーセントにも上ると言われています。

ＡＩもロボットも、本来は人間の労働負担を減らすために開発されたものですから、昔の終身雇用制度のなかでそれらが活用されたら、社員は仕事が楽になったはずです。

ところが、終身雇用制度が崩れ株主の力が強くなってくると、株主たちは「コストのかかる社員をクビにしてAIやロボットに働かせて利益を最大限にしろ」と経営者側に要求してきます。こうして、株主などの強い者にどんどんお金が集まってくる一方で、弱い者は六割も七割も失業してしまうという、いまよりもはるかに格差の大きい暗い未来像が見えてくるわけです。

そうなったときに、血の気の多い国民性であれば、「資本家ばかりがこんなに金を持っているのはおかしい」と怒りにまかせて工場を焼き打ちしたり、法律を変えて経営者たちを全員死刑にし、財産を没収するという事態になることも考えられます。歴史を紐解けばフランス革命でもロシア革命でも、実際、そういうことが行われてきたのです。

日本人はおとなしい国民性ですから、さすがにそこまではしないにしても、「どうして日本はお金持ちばかり優遇されるんだ」という声は上がると思います。そして、お金のある強い人たちが支配する資本主義に代わって、社会主義や共産主義的な勢力が台頭してくることだってあるでしょう。実際にいま世界でも労働者層が声を上げ始めているのです。マルクスは「資本主義の後に共産主義が来る」と言いましたが、おそらくそれは当たっているのではないかと私は思います。封建社会からいきなり共産主義になったソ連は失敗しましたが、資本主義国でもさすがに失業率が六〇パーセントというようなことになると、彼らも自分の生活を守るために、投票で政治を変えることをあてにする可能性は十分あり得るでしょう。

そういう社会構造の変化が革命的に行われるかどうかはわかりませんが、そのような歪みが生じる前に、相続税一〇〇パーセントにし、お金持ちが子どもに財産を残せなくすれば、格差拡大にストップをかけることができると思います。おそらくは、そのほうがお金持ちのためだと思うのですが。

自宅での介護が必須のような、すり替えの世論づくり

いま、政府は国を挙げて、在宅での介護を推奨しています。そこには、施設などに入所して介護を受ける際にかかる医療費を少しでも削減したい、という思惑があると私は考えています。要介護度が低い場合は、介護保険から支払われる額は施設のほうがずっと高いですし、高い場合はあまり変わらなくなりますが、目いっぱい使う人が意外に少ないので、やはりそのほうが安く上がるからです。

在宅での介護をしようという世論をつくるために、こういった場合、政府はメディアも動員して、少々怪しい手口を使って世論を誘導していきます。

皆さんは「在宅看取り」と「在宅介護」の違いをご存じでしょうか。似たようなものだと思っている人も多いと思いますが、一般に知られていないのをいいことに、

メディアはすり替えのロジックを使って、「お年寄りの介護は自宅でするのがいい」というイメージを国民に抱かせようとしているのです。

在宅看取りというのは、たとえば家族の誰かが末期がんになったりしたときに、最期まで家族が自宅で看るというものです。病院に入院していても治る見込みがないとすれば、残されたわずかな時間を家族と一緒に暮らすというのは悪いことではないでしょう。

在宅看取りの特徴は、余命半年などというように、残されている時間がある程度わかっていることです。看取られるほうの意識もはっきりしていて、「ありがとう」という言葉も言えるわけですから、家族と最期まで心を通い合わせることができるのです。短い期間なら会社を休むこともできるでしょうし、また精神的な満足感も高いものです。

一方、在宅介護では、介護がいつ終わるのかもわからず、認知症が進んで感謝の言葉も出ない場合もあるわけですから、在宅看取りよりもはるかに家族の心身の負担が大きいのです。また長く続くために、介護をする人が仕事を休むだけでは追いつかず、辞めざるを得ないことも珍しくありません。

ところがマスコミは、在宅看取りがいかに素晴らしいかということをどんどんテレビに流すのです。在宅看取りがマスコミに取り上げられ、それがとてもいいことのようなイメージが世間に定着すれば、介護も在宅ですべきだという意見が多くなり、親を施設に入れたら「人でなし」のように思われてしまうような世論が醸成されていくのです。

こと老人医療に関しては、一般の方が知識がないことをいいことに、このようなすり替えのロジックがよく使われますので、私たちはだまされないようにしなければならないでしょう。

かつては長生きが幸せだった社会の変質

昔を振り返ると、八〇歳以上の人が人口の一パーセントぐらいしかいないような時代は、高齢者は貴重な存在で、そこまで長生きすることはとても幸運であり、幸せなことでした。まわりの人間も高齢者を敬い、長老としてあがめ奉っていたのです。

ところが現代では、高齢者の人口は劇的に増え、長寿であることのめでたさよりも、医療費の増大や、年金制度の崩壊、介護の大変さなど、老いの厄介な部分ばかりがクローズアップされるようになりました。

悲しいことに、老いに対する、敬意や敬う心は希薄になり、昔だったら、あんなふうに長生きしたいなと思ったものが、いまでは老いを忌み嫌うような価値観へとなってしまいました。

以前の日本では、年長者を尊敬していましたが、それは仏教や儒教のような東洋的な思想に多分に影響されていたものだとも思われます。

仏教の開祖である釈迦も、儒教の祖である孔子も、老いというものを、自身の体験も通じて思索した思想家だと私はみています。

お釈迦様が八〇歳まで生きて説いた教えが仏教で、儒教は孔子が七三歳まで生きて説いた教えという点で、二人とも自身の老化とともに、老いというものを理解して深い教えにたどり着いたのだと思います。

その点、イエス・キリストは三〇代半ばで亡くなっているのですから、老いを身を持って体験していないという点では、高齢者の気持ちを本当の意味で理解していなかったのではないかと私には思えます。

イエスの説いた教えは現代のような超高齢社会にはあまり向かないように私は思っています。いまの日本で、高齢者を軽く見るような価値観に変質した背景には、このようなキリスト教的な西洋の価値観が浸透していったことが、深い部分で影響していると考えています。

キリスト教の国とも言える大国が、博愛を謳いながらも武力で他国に侵攻するやり方を見ていると、力があるものが強いというような価値観がそこに見え隠れします。もっと、「徳のある人が強い」「人の話を聞ける人のほうが強い」といったような、東洋的な価値観を日本は取り戻すことで、老いの価値を再認識していくことができるのではないかと私は信じています。

第4章

気づかずにしていた認知症への誤解

認知症と認知症予備軍の人々は、こんなにも大勢いる

ここまで、高齢者に対する差別の事例をいくつか述べてきましたが、これらの差別には、認知症という病気への誤解に根差したものが数多くあります。認知症に対する無理解が、高齢者への差別を助長している側面があるのです。

二〇一五年の厚生労働省の発表によると、日本の認知症患者数は二〇一二年時点で約四六二万人、六五歳以上の高齢者の約七人に一人が認知症であり、さらに、その予備軍である「軽度認知障害」（ＭＣＩ：mild cognitive impairment）」の約四〇〇万人を加えると、実に高齢者の四人に一人が認知症かその予備軍ということです。

軽度認知障害とは、物忘れなどの軽い記憶障害はあるけれど、知的機能は保たれているというレベルです。

これだけ認知症の患者数が多いにもかかわらず、どのような状態が認知症といわれるのかということは、一般的にはあまり知られていないように感じます。

もともと認知症の国際診断基準では、知的（認知）機能の低下に加え、記憶障害があることが認知症の要件だったのですが、二〇一三年に診断基準が変わり、記憶障害がなくても認知症と診断するようになったのです。

脳卒中や脳梗塞の後遺症の一つに「失語症」といわれる高次脳機能障害がありま す。人の話が理解できなくなるという「感覚性失語」と、話したいのにそれを言葉にできなくなる「運動性失語」などに分類されるのですが、脳の損傷によって、言語機能が低下する病気です。言語リハビリで回復することもありますが、その状態が回復しないで、だんだんひどくなっていってしまうこともあります。

政界引退後の田中角栄さんはおそらく、人の話すことが理解できず、ちんぷんかんぷんなことを言う感覚性失語症だった、それで家族が人前に出さなくなったのではないかと私は思っています。というのは、写真週刊誌に隠し撮りをされた写真を見ると、右腕が屈曲していて、右脚を伸ばしていました。これが左の中大脳動脈という太い血管が詰まったときに特徴的にみられる症状ですが、その場合、ほとんどのケースで感覚性の失語が起こるのです。

この失語症は、知的機能の低下はあっても記憶障害はないので、以前は認知症とはみなされなかったのですが、二〇一三年以降は、認知症と診断されるようになったのです。

ですから認知症の人の数は、二〇一二年当時のデータより、当然多くなってしまいます。

当時の統計でも認知症とその予備軍がおよそ九〇〇万人程度いますが、もっと多いことになりますし、その予備軍、つまり予備軍の予備軍もたくさんいることが考えられるのです。

認知症というのは進行性の病気ですから、症状にも重い、軽いの程度があります。症状が出ている人にはもちろん脳に萎縮などの変化があるのですが、まったく症状の出ていない人でも、実際に脳を解剖してみると脳の変化が起こっているということが高齢者では当たり前にあるのです。

脳ドックで小さな脳梗塞が発見されることがよくありますが、そういう人たちがボケているかといえば、たいていボケていません。かなりの程度の多発性脳梗塞の人でもボケていない人もいます。ですから、脳に障害があっても、必ずしも症状として出るわけではないのです。実際、私が立ち会った解剖の結果の発表会でも、八五歳以上の人で脳にアルツハイマー型の変性がなかったという人はいないので、自覚症状がない人でも脳に変化が起こっている可能性は十分にあります。

つまり、脳の変化がある一定を超したときに、認知症の症状が出てくるのだと考えられるのです。そう考えれば、認知症の予備軍というのはとてつもない数になることになります。

認知症であっても、徘徊したり、幻覚・妄想を見る人は少ない

すでにお亡くなりになりましたが、女優の南田洋子さんが認知症を患い、その姿がテレビで放映されたことがあります。女優時代を知っている視聴者のなかには、その変貌ぶりに、認知症とはひどい病気だ、怖い病気だと感じた人もいたと思います。

南田さんの姿が衝撃的だったために、それが認知症の典型的な症状のように思われていますが、それは大きな誤解です。南田さんには幻覚、妄想、暴言、失禁などの症状がみられたのですが、それらが一〇〇パーセント認知症の症状かというと、けっしてそんなことはありません。

そもそも南田さんはかなりの酒豪だったために、重い肝機能障害を患っていたと

のことでした。しかも、認知症で記憶障害がありましたから、お酒を飲んでもそのことを忘れてしまって、また飲むということを繰り返し、日常的にお酒を飲み過ぎていたのです。

ですから、私は、南田さんは肝機能障害からくる肝性昏睡を引き起こしていたのではないかと思っています。つまり、著しい肝臓の機能低下が原因で、血液のなかのアンモニアのような毒素が増え、幻覚、妄想などをともなう意識障害を起こしたと考えられるのです。

というのも、南田さんは入院後にはそのような症状がなくなり、一般的な認知症で見られる知能障害程度の症状になっているからです。

認知症になれば、幻覚や妄想があったり、人の顔もわからなくなったり、徘徊したりすると思われがちですが、ほとんどの認知症で、幻覚、妄想の症状は出ませんし、人の顔が判別できなくなるのは、相当進行した重度の認知症の人だけです。

幻覚、妄想の症状が出るのは主に「レビー小体型認知症」といわれる認知症で、初期の段階で、物忘れよりも、幻視や誤認妄想の症状がみられることが多いのが特徴です。けっして少なくはありませんが、認知症全体の五パーセントくらい（二〇パーセントもいるという話がありますが、私の臨床経験ではとても信じられません）と推定されています。

この国のメディアは、特異なケースであっても、話題性のあるものを情報として取り上げるので、認知症についても、メディアで取り上げられるごく少数の重度の症状をもって、怖い病気だというイメージが広がっているという事情があります。

アルツハイマーは多くの高齢者がかかるもので、恐れる必要はない

脳梗塞や脳出血など、脳の血管の病気により脳が損傷されたことで発症する認知症が「脳血管性認知症」です。

新潟県の糸魚川市の地域住民調査で明らかになったことなのですが、脳血管性認知症とアルツハイマー型認知症の発症率を比較した場合、七五歳まではほぼ同率であまり差が見られない一方、八五歳以上になると、脳血管性が三パーセントなのに対し、アルツハイマー型は二五パーセントなのです。つまり四人に一人がアルツハイマーということになります。

いま、日本で深刻化しているのが、「高齢者の高齢化」です。一九七〇年に日本の高齢者人口が七パーセントを超え、初めて日本が高齢化社会に入ったと言われた

ときは、八五歳以上の高齢者が、高齢者全体の三パーセントしかいなかったのですが、二〇一五年の敬老の日の調査によると、八〇歳以上の高齢者が一〇〇〇万人を超え、高齢者の六人に一人弱が八五歳以上なのです。

つまり、高齢者の高齢化が進めば進むほど、認知症のなかのアルツハイマーの比率が増えるわけです。認知症のなかでもアルツハイマー型認知症という病名は一番知られていると思うのですが、はたしていったいどれくらいの人がその病気を正しく理解しているのでしょう。「アルツハイマーは特に恐ろしい病気だ」と多くの人がイメージしているのではないでしょうか。

実際に、私の診察でもよく見られる光景なのですが、「うちのおばあちゃんは、物忘れがひどくなっていて、脳も縮んでいるとしたら、病名はなんですか？」と問われたときに、「アルツハイマー型認知症です」と答えると、がっくり肩を落とされる人が多いのです。脳血管性は治るけど、アルツハイマーは治らないとか、脳血管性は進行しないけど、アルツハイマーは進行するといった誤った知識によるものだと思います。

しかし、糸魚川市の調査でも示されているように、八五歳以上の高齢者の場合、認知症にかかったとすればほとんどがアルツハイマーなのです。進行の程度もまちまちで、一〇年二〇年という長いスパンでゆっくり進行していって天寿を全うする人ももちろん大勢いますし、一方、速い人であれば二、三年で家族の顔がわからないほど進行するケースもあります。

しかし、仮に進行が速かったとしても、必ずしもそれが悲惨であるかと言えば、それはまた別問題なのです。

アルツハイマーというのは脳の老化現象ですから、九割の患者さんは元よりおとなしくなります。外出をしなくなり、部屋にこもってじっとしているという人が多くて、一般にイメージされるような、徘徊したり、奇声を上げて問題行動を起こす人というのは一割程度でしょう。もちろん五分前に聞いたことを忘れたり、火の不始末があったり、ガスを消し忘れることもあるので、多少は注意を払う必要はありますが、そのために日常生活ができないということはほとんどないのです。

ではなぜアルツハイマーの間違ったイメージが流布したかといえば、ドイツ人医師アロイス・アルツハイマーが、一九〇六年に南西ドイツ精神医学会で「アルツハイマー病」を発表したのですが、その症例が発症時四六歳の女性だったのです。いまから考えると若年性認知症だったわけですが、一般論から言えば、アルツハイマーは、若年性ほど進行が速いわけですから、その症例が独り歩きしてアルツハイマー全体のイメージとして定着してしまったのでしょう。

わりと適応的で普通に生活できる認知症患者

アルツハイマーの症状には、「中核症状」と「辺縁（周辺）症状」があります。

「中核症状」というのは、アルツハイマー患者全般に見られる症状で、「記憶障害」と「知的（認知）機能低下」です。これは残念ながら進行性ですから、物を覚えられなくなったり、過去に記憶していたものを忘れるということがひどくなっていき、さまざまな知能が低下して、いままでできていたこともできなくなっていきます。

一方、「辺縁症状」、最近ではＢＰＳＤ（Behavior and psychological symptoms with dementia：認知症にともなう行動・心理障害）と呼ばれることも多いのですが、これは、徘徊、作話、幻覚などの症状で、すべての人に起こるわけではなくおよそ一割程度の人に見られる症状です。

しかし、このBPSDに関しては、現在ある程度治療ができるようになっています。幻覚や妄想は薬で症状を抑えることもできますし、問題行動に関しては、機嫌がいいときには起きにくいということがわかってきていますから、そういう対応の仕方をすることで症状が出にくくすることも可能なわけです。

健常者もそうですが、仕事をしているときとリラックスしているときでは脳の働きが異なります。同じように、アルツハイマーの人でも、たとえば来客があるときはわりと会話がしっかりしているのに、お客さんが帰って気が緩むとボケたことを言うといったことも起こるわけですが、これは症状がよくなったとか進行して悪くなったということではなく、注意力のレベルによって変化するものなのです。

もちろん、BPSDがあまりにひどい場合は、家族だけで介護しようとすると負担が大きいので、施設に入所させてあげることをお勧めします。

ですから、アルツハイマーが恐ろしい厄介な病気のように思われていますが、実際のところ、人が思うほど大変ではないことのほうが大多数です。

たとえば、アルツハイマーの人に刃物を持たせると何をしでかすかわからないし危険だ、と思われがちですが、認知症というのは、もともと持っていた能力が低下していく病気ですから、もともとしなかったことはしないのです。なので、必殺仕事人のように、若い頃、刃物による殺し屋だったという人なら別ですが、包丁は料理のときにしか使っていなかったのであれば、料理の目的以外にはまず使わないのです。

さらに、安全の感覚も保持されているものです。私は相当大勢の患者さんを診てきていますが、私の患者さんのなかには、事実、これまで一人も車にひかれたという人がいないのです。アルツハイマーになっても「車は危ない」「車が来たらよける」という安全感覚は失われないのです。ただし、徘徊していて不注意で側溝に落ちた、川辺の高いところから落ちたという例はありますが。

安全の感覚ということで言えば、認知症が進んでくると、誰にでも敬語を使うようになるということが特徴としてあげられます。息子に敬語を使うのでおかしいと思って連れてこられたという例もあります。誰彼かまわず横柄な物言いをしていたら、相手が悪ければ殴られてしまうかもしれませんから、おそらく自己防衛本能なのではないか、と私は思っています。

あるいは、ジュースやお菓子を買うときに、新しい記憶がほとんどなくなっているのに、昔の値段は五〇円だったから五〇円だと言い張ることもまずありません。一〇〇〇円札を出したり、一万円札を出したりして、結果、財布が小銭だらけになるのです。つまり大は小を兼ねるということはわかっているのです。

もう一つ、はぐらかしがうまくなります。「おじいちゃん、今年いくつになりますか?」と尋ねると、「昭和五年生まれですから、何歳になりますかな」と答えるわけです。年齢は毎年変わりますが、生年月日は変わらないわけですから、年齢のほうを先に忘れてしまうのです。でも、そのように答えられると、一見、ボケているとはわからないわけです。

ですから、「アルツハイマーだけには、なりたくない」とよく耳にしますが、それほど怖い病気ではないことを知ってほしいのです。

ただし、これまでも言っていますが、問題行動を起こすタイプの認知症はやはり注意が必要です。

「レビー小体型認知症」は早期から幻覚や妄想といった症状が現れますから、トラブルが多いのは事実です。

また、頭の前にある前頭葉と横にある側頭葉の萎縮によって起こる「前頭側頭型認知症」は、感情や行動、衝動の抑制が利かなくなって、目の前に甘いものがあるとついポケットに入れてしまうとか、キレイな女性がいると抱きついてしまうという行動をとることがあるのですが、知能がその時点ではそれほど低下していない場合には、認知症の一種だとは思われずに、逮捕されてしまうこともあるのです。

このように、認知症といってもいろいろなタイプの認知症がありますし、現れる症状もさまざまなのですが、認知症の大半はアルツハイマー型認知症であり、アルツハイマーの九割の人は普通に生活を送ることができるのです。

認知症とは、その症状の軽重に大きな幅がある

「七万八〇〇〇円と一万六〇〇〇円はどちらが高いか。アルツハイマーの人でもわかる」

政治家の麻生太郎さんが、日本と中国の米の価格差について語る際に、発した言葉です。

私はその言葉を耳にしたとき、二重の意味で、アルツハイマーの人に対して失礼な発言だと思いました。

アルツハイマー型認知症というのは、初期であれば物忘れ程度の症状しかありませんが、それが進行し、重度になれば物事を理解することもできなくなってしまうくらいに幅広いスペクトラム（変動の範囲）がある病気なのです。

ロナルド・レーガン元米大統領が、大統領退任の五年後にアルツハイマーであることを自ら国民に告白したのですが、そのときの進行具合からして、私はおそらく在任中にはすでに発症していた、少なくとも脳の変化はあったし、記憶障害も始まっていたのではないか、と思います。つまり、アルツハイマーという病気は、初期であれば大統領でも務まりますし、軽い物忘れ程度しかなければ、麻生さんより頭がいい人はいくらでもいるのです。ですから、麻生さんは、一般的な知的レベルを有しているアルツハイマーの人に対して、あたかも彼らの知能レベルが低いと言わんばかりの見下した発言をしたことになります。

さらに、進行した重度の患者さんになれば、たとえば青と黒の区別もつかないくらいに知的機能が低下してしまうのです。数字も理解できなくなってしまいます。ですから、「アルツハイマーの人でもわかる」のではなく、「それが重度ならわからない」のです。つまり、この発言は、たとえば重度の知的障碍者を引き合いに出して、「彼らでもわかる」と言ったのと同じことなのです。

このようにアルツハイマーはその症状に非常に程度の差がある病気なのですが、

そのことに関する無理解がどれだけ患者さんやその家族を傷つけたのか、私は、いまでも怒りを感じずにはいられません。

ですから、高齢者から運転免許を取り上げようとする動きにしても、どのくらいのレベルの認知症になったら運転をさせないようにするのか、という線引きをした上で議論をすべきなのですが、病気への理解のなさゆえ、そういったラインが示されないのです。十把一絡げで、認知症の人は診断を受けた時点ですべて運転はできないと制限することは、認知症の人に対する不当な差別です。もしかりに、物忘れレベルであっても運転は危険だと判断し、その理論を通すなら、若い人でも記憶力の悪い人は大勢いますから、年齢に関係なく検査を義務づけるべきだと私は思います。

認知症に関する無理解が、さまざまな差別を生んでいるのです。

認知症であると、高齢者が叩かれやすい社会

二〇〇七年に、愛知県で当時九一歳の認知症を患った男性が徘徊中に線路内に進入し、電車にはねられ死亡、鉄道会社であるＪＲ東海が、運行に支障をきたしたということで、男性の当時八三歳の妻や息子に対して賠償責任を求め裁判を起こすという事故がありました。

この裁判は世間の注目を集め、最高裁の判断の行方を見守っていた人も多かったのではないでしょうか。

たしかに、民法七一四条では、自己責任能力がない人が他人に損害を与えた場合、監督義務者が責任を負うと規定しています。

しかし、もしかりに、この事故の被害者が子どもだったとしたら、それでもＪＲ

東海は、家族に賠償責任を求めたのでしょうか。

子どもが柵のない池に落ちて死亡すれば、むしろ施設側が管理責任を問われます。お年寄りが被害にあったときだけ、被害者側に全面的に非があったかのように主張するのはおかしな話です。これもまた、「老人差別」の一つではないでしょうか。

結局、最高裁は、家族に監督責任はないとしＪＲ東海の訴えを棄却しました。

実際、最高裁の判決でも、安全管理という面で駅の構内に入るフェンス扉が施錠されていなかったことも理由の一つとして、ＪＲ東海の主張を敗訴にしたことを考えれば、これだけ高齢者が増え、認知症の数も増加しているなか、当然、さまざまな場所で事故を未然に防ぐ安全対策が取られてしかるべきだと思います。安全対策もしないで逆に、被害者側を訴えるなど言語道断です。

いずれにせよ、この事故は本当に痛ましい事故です。しかし、このことによって、世間の人に「認知症になれば誰でも徘徊し、危ないこともわからなくなってしまう」という認識をもたれてしまうことには、危惧を覚えます。

前にも述べたように、認知症の九割の人には徘徊などはなく、むしろ家でおとなしくしているのです。さらに安全についても、「車は危ない」「電車は危ない」という感覚は保たれるので、この事故は、まれに起こってしまった不幸な事故だったと言えると思います。

実際、日本ではしょっちゅう起こることはむしろニュースにならず、めったにしか起こらないことがニュースになるという鉄則があります。つまり、このような事件はまず起こらないということも知ってほしいのです。

「老人のご機嫌をとる」本当の意味

誰でも機嫌がいいと人当たりがよくなり、逆に機嫌が悪いと、人に対してきつく当たってしまうものです。これは、認知症の人も同じで、機嫌がいいとトラブルが少ないものです。

私もよく「認知症の人を、叱ってはいけないのでしょうか?」と聞かれるのですが、脳の変化ということで言えば、叱ることによって脳が萎縮するわけでも、脳の変性が進むわけでもありませんから、症状が進行し悪化するということもありません。

しかし、認知症の人の場合、叱られた内容や叱った人のことは忘れても、叱られたことによる不機嫌さは残るので、その後、家にいるのが嫌になって外に出ていって徘徊するとか、暴言を吐き続けるといったトラブルを起こしやすいのです。ですから、そのようなトラブルを未然に防ぐという意味で、叱らないで機嫌をとることをお勧めしているわけです。

シェイクスピアの四大悲劇の一つに「リア王」があります。リア王には三人の娘がいて、娘たちに自分に対する愛情を言葉にして言うように求め、娘たちの気持ちを試すのです。姉二人はウソの言葉を並べて王のご機嫌をとるのですが、末娘のコーディリアだけは愛を言葉にすることを拒否したため、王の機嫌を損ね国外に追放されてしまいます。結局、姉たちにだまされて行き場をなくしたリア王を、軍勢を率いた末娘が救い出そうとするのですが、姉の軍との戦いに敗れ、末娘は殺され、リア王は狂気のなか死んでしまうのです。

本来なら、この手の話は、水戸黄門の勧善懲悪よろしく、「王と末娘は悪い姉たちを打ち倒して幸せに暮らしましたとさ」とならなければいけないわけですが、シェイクスピアはそうはしなかったのです。

末娘も老親を愛しているのなら相手の気持ちを推しはかって、素直に王の機嫌をとればよかったと私は思います。末娘の行動は自分の気持ちに忠実だったのかもしれませんが、その頑なな態度が、相手を意固地にしてしまい、そのことで起こった悲劇なのです。お年寄りへの対応はいまも昔も変わらず、「機嫌をとること」が基本だと私は思います。その教訓を人々に教えたかったのがシェイクスピアの真意だというのが私の解釈です。

前述もしましたが、認知症ではなくても、高齢になれば前頭葉の機能が低下して、感情のコントロールが苦手になってきます。そのようなお年寄りに対して、ご機嫌をとることは、お年寄りの脳に余計な負担を与えないためにも理にかなっていますし、お年寄りと接する私たち自身もスムーズにコミュニケーションを取るために必要なことでもあるのです。

四〇〇年以上前に書かれたこの悲劇が、いまの世に対する警鐘のように私には思えてなりません。

ボケやすい人、ボケにくい人

人間、誰しも「ボケたくない」と思うものです。

巷でも「頭を使う人はボケない」「外に出ていって、人と交流を保っている人はボケない」「手先を使うとボケない」などと言われていますから、ボケないように努力をしている人もいるでしょう。

私が思うに、ボケやすいかどうかの一つの要因が、遺伝です。

「親が老け顔の人は、子どもも老け顔になりやすい」「親がシワのある人は、子どももシワができやすい」「親がハゲている人は、子どももハゲやすい」というように、親の体質を引き継ぐことが多いので、遺伝的な要因は大きいと思います。もちろん体質の遺伝のようなもので、認知症そのものが遺伝病だとは考えていませんが、親がボケた人はボケやすいという印象は、これまで多くの患者さんの家族歴を初診時にチェックしてきた経験から、私の実感するところです。

私は、認知症発症後の人しか診ていないので、はっきりと断定はできませんが、発症した認知症患者さんに限って言えば、頭を使っている人は進行が遅いし、使っていない人は速いので、おそらく発症に関しても、頭を使っている人のほうが発症年齢が遅いのではないかと思います。つまり、同じくらいの脳の変化や萎縮があった場合、頭を使っている人のほうが知能は保たれやすく、そうでない人は症状が出やすいということです。八五歳以上の人のほぼ全員にアルツハイマー型の脳の変化があるとすれば、認知症になるかならないかは脳の使い方次第だということです。

ですが、「頭を使ってないから、あの人はボケたんだ」という決めつけはよくないと思います。

たとえば、「太っている人は不摂生で自己コントロールがなってないからだ」「タバコを吸って肺がんになった人は自業自得だ」と言って、遺伝的因子の可能性を無視して他人を非難する人がいますが、それは人を排除する考えにつながるのでやめるべきです。

どんなに頭を使っていても、どんなに社会と関わりを持っていても、アメリカのレーガン元大統領や、イギリスのサッチャー元首相のようにボケるときはボケるのです。ただ、そのような仕事をしていなかったら、もっと早くボケたかもしれませんが。

私だってボケるときはボケるのでしょうが、それは病気だから仕方ありませんし、ボケたからといって人に非難されるべきものでもありません。

しかし、何歳でボケるか、それともボケないのかわかりませんが、それまでは医者の仕事も、このように本を書くことも続けていこうと思います。それどころか、人に迷惑をかけないのなら、それ以降の脳の老化の進行予防のために、ボケてからもボケたなりに本を書き続けたいと思っているくらいです。

人生に張りがあれば自分自身楽しいですし、人からも「年のわりに若いね」と言ってほめられることだって多いのではないでしょうか。

うつ病、依存症などの心の病気への理解が広がらない日本

高齢になると精神的に安定してくると思われがちですが、実はいま、高齢者にうつ病やアルコール依存症、ギャンブル依存症などが増えていると言われています。体力や気力の衰え、孤独感のような要因のほか、前頭葉の萎縮などの生物学的要因が、その背景にあるようです。

しかし、日本人は、風邪を引いたくらいでたやすく医者にかかる国民性なのに、うつ病やアルコール依存症に関しては仕事ができなくなったり、自殺未遂をするほど重症化するまで病院に行かないのです。どんな病気でも症状が軽いうちに医者にかかって早く治すほうがいいと、誰もが知っているはずなのに不思議なことです。

うつ病もアルコール依存症も放っておくと自殺という形で（アルコール依存症も

非常に自殺率の高い病気です）命に関わる病気ですから、精神科医である私としては、そのような症状が疑われる場合はどうか早期に治療を始めてほしい、と心から願っています。

本来なら、マスメディアがそのような啓蒙活動をすべきなのですが、この国のメディアはまったくと言っていいほどそういうことをしないのです。

二〇一五年に、電通に勤める新入社員の女性が、長時間労働による過労が原因で自殺した事件がありました。私はそのときに雑誌の取材を受け、資料として彼女のSNSでの書き込みをすべて読んだのですが、彼女の書いたSNSを見ると「悲観的になっている」ことはわかりますし、「二時間しか寝ていない」「髪がボサボサ」という典型的なうつ病の症状から、彼女の死の原因がうつ病にあったと考えています。それなのに、上司は、精神科の受診を勧めるどころか、そのような姿を見て「なっていない」となじったそうです（彼女がSNSに書いていたことが本当であるとすると）。上司がもっとまともな対応をし、きちんとした医者に行っていたら自殺が防げたのではないか、と悔やまれてなりません。

メディアは、長時間勤務が常態化していた電通の企業体質を非難する報道ばかりを繰り返していましたが、そのようなバッシングよりも、彼女を自殺に向かわせた原因をきちんと伝え、うつ病になったらすぐ医者に行くということを啓蒙する報道を行うほうが、よほど国民にとっては有益だと私は思います。

かつてタレントの草彅剛さんが泥酔し、裸になって大声で騒いでいたことで、公然わいせつ罪で現行犯逮捕された事件がありました。この事件の際、私は、「草彅さんはアルコール依存症だから治療をしたほうがいい」という寄稿をしたところ、ネットでぼろくそに叩かれたのですが、アルコール依存症の場合、早く治療しなければ社会的廃人になってしまうおそれがあります。アルコール依存症の診断基準にはWHOと米国精神神経学会が作成したものがあるのですが、新しい診断基準では、「これまでより多くの量を飲まないと酔えない」、「予定していたより多く飲んでしまう」などのいくつかの診断基準の項目のうち、二つ以上当てはまればその診断が下されるのです。これは、そのくらい診断基準を厳しくすることで早期治療を促すという考え方のものです。手遅れになると、それだけ治りにくく、社会的生命を絶たれたり、自殺のリスクが高まったりするからです。ですから、なにも草彅さんを陥れようとか、イメージダウンをさせたかったわけではなく、医者としての良識から早期治療を勧めたわけです。

また草彅さんのようにそばに見守ってくれる人がいる場合はいいでしょうが、そうでない人の場合、そのリスクは高まります。少なくともあのくらいの症状が出ていた場合、マスコミの誤った報道のため、病気じゃない、よくあること、ストレスのせいだろうと軽く考えられてしまうことは大変危険なことです。

たとえば、自覚症状がなくても健康診断で血圧が高いと指摘されれば、医者に行って処方された薬を飲むわけです。高血圧の場合、五年後、一〇年後、二〇年後に脳卒中や心筋梗塞になる可能性が高くなります（これもディオバンという薬の大規模な長期予後調査では差がでなかったからデータの改ざんが行われたので、あまりあてになりませんが）から、その予防をするわけです。そういう内科の病気の場合には、生活習慣を見直し、塩分の取り過ぎに注意し、お酒を控え、適度な運動をし、薬を飲み続けたりして、将来病気にならないよう予防をするのが当たり前で、検査結果に気を遣うことにかけては、日本は世界のトップレベルとされます。しかし、アルコール依存症が疑われても医者に行かないのです。

アルコール依存症や、うつ病といったメンタルヘルスに関する症状の場合は、病気自体への無理解で病院に行かない人や、精神科へ通院することが特殊であることのように感じて、敬遠する人もまだ多くいます。

しかし、これらの病気も風邪や高血圧など、その他の病気となんら変わりありません。若いうちであれば、命への危険は、それらの病気よりはるかに高いくらいです。ひどくなる前に治療をするということが、当然大切です。高齢者にも精神疾患が増えているいま、社会全体でうつ病、アルコール依存症への理解を深めていくことが必要です。

無知や差別や偏見は、その人たちの心を傷つけるだけでなく、自分の命も危険にさらすことをぜひ心しておきたいものです。認知症も含めて、明日は我が身という考えを共有したいものです。

第５章

被差別「高齢者」にならないために

長寿の秘訣は年を取っても働くこと

高齢者への差別を主題とした本書ですが、最終章では、どうすれば高齢者の人たち、あるいはこれから高齢者になろうとしている人たちが、社会のなかで不当な扱いや、差別にさらされないですむか、また、そのためにいまからどのような対策をしていけばいいのかを考えてみましょう。

まずは、高齢者になっても、なるべく弱らず、健康を維持していくことが重要です。弱ってくると、何か不当な扱いを受けてもそれに抵抗して声を上げることもままならなくなります。親族などを含めたまわりの人々との力関係も相対的に下になって、高齢者が自分の思いを通して生きていく自由度も下がってしまうでしょう。

そのため、まずは自分が健康でいることが大切です。

以前、「元気で長生きできる方法は、まず長野県に見習うべきだ」という言葉が注目されたことがありました。これは、小泉内閣当時に小泉純一郎元首相が発した言葉です。

厚生労働省が五年ごとに発表している全国都道府県の平均寿命の調査によると、もともと長野県は平均寿命が全国的に見ても低い順位だったのですが、一九七五年の調査では男性が全国第四位、一九八五年には第二位、そして、一九九〇年には第一位となったのです。長野県の人はイナゴや蜂の子などの昆虫を食べるから長生きなのだとか、地形的にも山道が多く、山歩きをするから足腰が鍛えられて長寿なのだろうということが言われました。

しかし、近年そういった食文化も減ってきましたし、移動手段として自動車が普及したため山道を歩くことも少なくなってきたはずですが、長野県は平均寿命を更新し続け、男性は一九九〇年以降、五回連続第一位に輝いていますし、厚生労働省が発表する最新の統計の二〇一〇年には女性もトップとなり、男女ともに日本で一番の長寿県となったのです。

この理由の一つが、長野県の高齢者の就労率の高さであると私は考えています。長野県は、七〇歳以上の人の就労率が日本一です。少なくとも男性においては、いつまでも健康で長生きする秘訣は、年を取っても働き続けることにあると考えられます。家にこもることなく、適当に社会参加を継続し、誰かの役に立ったり、誰かに必要とされているということが、その人の健康を保ち、長寿にさせているのかもしれません。

一方、七〇歳以上の人の就労率が日本最低なのが沖縄県です。沖縄と言えば長寿県のようにイメージされていますが、たしかに女性の平均寿命はトップクラスなのですが、男性は三〇位で、全国の平均以下です。ほとんど同じ遺伝子で、同じようなものを食べ、同じ気候風土に生活しながら、沖縄県の男女でこういった差が出るのは、女性には家事労働がありますが、男性には就労率の低さが影響している可能性があります。

高齢者、それも特に男性の場合は、働き続けているほうが元気で長生きできるようで、実際、長野県では高齢者一人当たりの医療費が全国で最低レベルという調査結果があり、年を取っても元気な人が多いのです。

ただ、気をつけなければいけないのは、働き続けることにあまり価値を置き過ぎて、お年寄りの本当の価値を見失ってはいけないということです。働けるうちはいいが、働けなくなったら人間として価値がないようにみなすことだけはあってはなりません。

これまでも述べてきましたが、高齢者の社会における本当の存在価値は、生産性を高めることではありません。むしろその逆で、生産よりも消費をしていくだけの存在であることが、とても社会にとってありがたい存在なのです。

高齢者が働くことを推進するにしても、その働き方は変えるべきだと思います。お金を稼ぐことや、食べていくことだけを目的に働くよりも、より啓蒙的な働き方にしていくべきでしょう。

以前、失敗学を提唱する東大名誉教授の畑村洋太郎さんがこんなことをおっしゃっていました。日本の会社では、社長や会長などを退いた人が相談役となっているけど、偉そうにふんぞり返っていて実際に相談相手になっていない。そうではなく、本当に相談できる相談役を置いてはどうか、と言うのです。

つまり、定年退職を迎え、会社と利害がなくなった人が相談役として、たとえば仕事でミスをしてしまった人、人間関係で悩んでいる人、上司からパワハラやモラハラを受けている人たちの、相談相手になってあげるのです。

会社に長く働いていたからこそ、その会社の歴史や文化を熟知しているわけですし、高齢者には、経験から得た知恵がありますから、経験の浅い若者が迷うようなことでも解決に導くことができます。

そのような人が会社の長老的な存在として、「部長には、これで丸く収めるように言っといてやるよ」などと言って、社員と社員の懸け橋になってあげれば、若い人の不安も軽減されるでしょうし、社員のメンタルヘルス的には大いに役立つと思うのです。

これは一例ではありますが、このようなお金を稼ぐためだけでない、誰かの役に立つために自分の経験、知恵を生かすような働き方、社会参加を、年を取っても続けていくことが、長生きの秘訣であると私は思います。

無知な老人は食いものにされる

私は常々、日本という国は、無知な人間には恐ろしく冷たい社会なのに、そのことに気がついている人があまりに少ない、と感じています。高齢者になれば、なおさら情報から切り離された生活になることが多く、情報弱者の高齢者は強者によってていいように食いものにされる傾向があります。

たとえば高齢者が、年金だけでは生活ができないという事態になれば、生活保護の基準額との差額分の生活保護をもらえる仕組みになっています（つまり最低でも生活保護の基準額の収入は得られるのです）。もちろん所有する財産などの基準がありますので、不可能な場合もありますが、年金が少ない人は生活保護を受給できる可能性があるということを知らない人もいます。仮に生活保護を受給できれば、医療扶助も受けられますから、医療費も自己負担がなくなり、無料になります。医療についても、情報を持たない人はいいように扱われます。

東大病院と聞くと、優秀な医者のそろった、最先端の医療が受けられる病院だとイメージする人もいるでしょう。しかし、天皇陛下が心臓のバイパス手術を受けられる際に、東大病院で手術が行われたのにもかかわらず、陛下を執刀したのは、東大病院の医師ではなく、順天堂大学病院の天野篤先生でした。このことはつまり、東大病院の医者よりも、順天堂大学病院の天野先生のほうが手術の技術が優れている、ということを意味しています。

どんなにお金持ちであっても、そのような情報を知らなければ、東大病院というブランドイメージに踊らされ、一日三〇万円もかかる個室に入った挙句、下手くそな医者に手術をされて命を失ってしまうなどということも起こり得ます。

しかし一方、お金がなくとも情報を持っていれば、大部屋かもしれませんが、天野先生のような高度な技術力を持った医者にお願いすることもできます。診てほしいという患者さんがいれば、医者のほうからは断ることができないのですから、時間や手間はかかってもいつか診てもらえるでしょう。

群馬大学病院で、肝臓の手術を受けた患者さんが一八人亡くなった事件がありましたが、この病院の実態を知っていれば、そこに行こうという人は少なかったはずです。

というのも、群馬大学は研究至上主義で、二〇〇五年に、親の介護を終えた五〇代の女性が、猛勉強の末、群馬大学医学部を受けて合格者の平均点（最低点ではない）を一〇点以上上回る得点をとったにもかかわらず、面接で落とされたということがありました。落とした理由が、大学側は年齢によるとは認めていませんが、研究ができないからという趣旨の言明をしているようです。この事件はニュースになりましたから、それをちゃんと理解していれば、この大学の教授会が、医療を一生懸命やるより研究のほうが大事だということがわかるはずです。

実際、医療よりも研究に精を出す病院ですから、未熟な医者が一八人もの尊い命を奪うことになったのでしょう。

ここで私がいちばん問題に感じるのが、亡くなった一八人の患者さんの遺族のうち一七人目までは病院側の説明に納得し、医療過誤の発覚が遅れたという事実です。

自分の家族が受けた手術に問題はなかったのか、執刀医の過去の実績はどうなのかなど、治療に関する情報を、遺族のうちの誰か一人でも調べていたなら、一八人もの命が失われることは避けられたのではないかと思います。

ですから、そのような群大病院の内情を知っている群馬県民は、新幹線に乗れば高崎から東京駅まで四〇分程度ですので、東京の病院に行くわけです。あくまでも私の予想ですが、東京の病院を選ばず、群馬大学を選ぶという時点で、情報弱者だろうと判断され、研究の実験台や下手な医者の練習要員にしても、「最高レベルの医療でもダメでした」と言えば、患者は納得すると群馬大学の医師たちは高をくくっていたとしか思えません。

このような医療に関する情報格差は高齢者になればなるほど、大きなものになりますので、情報を持たない高齢者はいいように扱われ、また、自分が不利益を被っていることすら気づかない事態に陥ります。高齢者こそ、より正しい情報によって、自分の身を守る必要があるのです。

なぜ老人医療はいまだに変わらないのか

医療の進歩は日進月歩と言いますから、高齢者医療の質も昔に比べ格段によくなったのだろうと思う人もいるかもしれませんが、実は全くと言っていいほど変わっていないのが現状です。

私が高齢者医療に携わるようになって、かれこれ三〇年ほど経ちますが、その間、二〇〇〇年に介護保険制度が施行されたおかげで、それまでは寝たきりや認知症のお年寄りは、家族が家で介護しなければなりませんでしたが、デイサービスやヘルパーさんを利用しやすくなったり、要介護度の高い老人は特養に入所できる（それでもものすごく足りないのは前述のとおりですが）ようになったりして、介護にかかる家族の負担はある程度軽減されるようになりました。

しかし、医療行為について言えば、いまでもデマカセがまかり通っているのが現実です。私は一九九六年に『老人を殺すな』という本を上梓し、そのなかで、高齢者の薬の使い過ぎはよくないとか、高齢者はむしろ血糖値が高めのほうがいいと書いたわけ（これはその後のアメリカやイギリスでの大規模調査で明らかになったのですが、日本の糖尿病の専門医はまだ認めようとしません。おそらくはいまの権威の医者が引退したら変わるでしょう）ですが、いまだにそのような意見は医学界では主流とはなっていません。

ただし、実際に介護現場でお年寄りの面倒をみているケアマネージャーさんやヘルパーさんのなかには、権威ある医者の言うとおりにやると患者さんの元気がなくなり、現場を知っている私のような医者の言うことのほうが役に立つと思ってくれる人が増えてきました。ただ、それも少数派です。そして、認知症に関する誤解はいまだに多く、正しい理解が進んでないために、「認知症にだけはなりたくない」という偏見が変わらずにあるのも事実です。

日本の医学界では、私のように臨床経験を積んだ医者の意見よりも、大学医学部の「偉い」先生の意見が重宝がられます。

普通に考えれば料理の世界なら、料理学校の先生よりも三ツ星レストランでおいしい料理をつくっている一流料理人に弟子入りをしたくなるのが当然だと思うのですが、医者の世界だけは権威のほうが偉いと思われ、ほとんど八〇歳以上の寝たきりや要介護の高齢者の患者さんを診ていない臨床経験の乏しい大学医学部の医者の意見が医学界をつくっています。

私の臨床経験から言わせれば、彼らは偉そうにウソばかり言っているのですが、それでも肩書さえあれば信用されてしまうという絶望的な状況です。このような状況が、高齢者医療の進歩を遅らせているのです。最近は大学の医者でも、高齢者は薬を減らすべきという医者も出てきていますが、使ってはいけない薬のなかにうつ病（高齢者には多いのですが）の薬がほとんど入っているのに、昔の学会のボスだった医者が専門だった骨粗しょう症の薬（副作用が多く、食欲がなくなるなどのため高齢者をかえって弱らせることが多いのです）は一つも入っていないうえ、どんな患者さんでも一律に五種類以下に減らせとかいう乱暴なことを言っています（おそらく厚生労働省の意向＝老人差別の一環なのでしょう）。それを週刊誌が喜んで取り上げているのです。いちばん気の毒なのは、誤った医療を受けなければならないお年寄りだと私は思います。

老人医療に携わって見えてきた幸せな老い

私が影響を受けた人物の一人に、土居健郎先生がいます。

東大の恩師にして、不朽の名著『「甘え」の構造』の著者としても有名な先生ですが、私がアメリカのカール・メニンガー精神医学校に行く際には推薦状を書いていただき、帰国後もしばらくは先生の精神分析を受けていたこともあって、私にとっては父親のような存在でした。

土居先生は、二〇〇九年に八九歳で亡くなりましたが、死ぬまで現役で活躍され、晩年には、その「甘え」理論が国際的にも再評価され、国際精神分析学会のシンポジウムのテーマにも選ばれました。言いたいこともずばずば言う反面、優しさにもあふれた人でした。私の高齢者医療の考え方をまじめに評価してくれる一方、「『老人を殺すな！』という本は内容はいいが、タイトルが悪い」という鋭いアドバイスもくれました。精神分析というと深層心理ばかりを問題にするのですが、日常的な会話でこちらの気持ちを変えてくれる素晴らしい体験でした。

その先生が死期を悟ってか、ある時期から「人間、死んでからだよ」と言うようになったのです。死んでからまわりにどう言われるか、それでその人間の評価が決まる、ということですが、私も含め凡人には、そのような心境にはなかなかなれず、死んでからどう言われようと、いまを卑しく生きることがほとんどです。

たしかに、森喜朗氏が死んだあと彼をよく言う人はいない（安倍氏もひどい人だったと言われると私は信じています）と思いますが、田中角栄はたいしたものです。これだけ死んでから評価されるのも、珍しいでしょう。

ただ、私も長年、高齢者医療に携わってきて、最近は土居先生の言葉の意味が理解できるようになってきました。

これまでたくさんのお年寄りに接してきてわかったのは、若くして上に媚びを売って偉くなった人というのは、意外に、年を取ってから惨めになることが多いのです。上に媚びを売って偉くなっても、上は先に死んでしまいます。そういう人は、下の人にも人望がないから、まわりに人が集まりません。あまり偉そうにしてきた人の場合は、力が衰えたところで仕返しをされたりもします。また肩書を求めて頑張ってきた人ほど、肩書がないとみじめな老後を送る傾向もわかりました。

そういったケースをたくさん見てきましたので、死んでから後ろ指を指されるようなことはしたくないし、なるべくウソは言わないようにしようと、私も考えるようになってきました。

どのような老後がいいのかは、人それぞれの価値観によるものだと思います。高齢者施設を日常的に見ている私にとっては、やはり、常に親族やお見舞いの人などが集まり、多くの人に慕われている高齢者を見ると、そのように私もなれたらとは思うものです。

逆に、まわりに人が寄りつかず、信頼する人もあまりいず、誰かから慕われることもほとんどないというのでは寂し過ぎるように私には思えます。

自分のことだけに汲々とするのではなく、若い人や他の人のために多少なりとも汗をかいてきた人は、その人望は自分が老いて、ただの老人になってからも続くものなのでしょう。会社を辞めたあとも、後輩や部下に慕われ、豊かな社会生活を送っている人も多く知っています。

さらに言うと、ずるいことをして偉くなっても、死んだあと悪く言われることが多いのに、こつこつと自分の信じる言動をとっていると死後評価されることも珍しくありません。私にしても、相続税一〇〇パーセント論が生きているうちに実現するとは思っていませんが、三〇〇年くらいたてば、我々が身分の固定した封建時代の人をかわいそうに思うように、「あの時代は、金持ちの子が自動的に金持ちになれるというかわいそうな時代だった」と言われるようになると信じています。

このようにたくさんのお年寄りを見てくるなかで、私も土居先生の「人間、死んでからだよ」という気持ちが、少しずつわかってきたような気がします。

老人差別社会を解消するための第一歩

いまの日本は、「老人差別社会」と言っていいほど高齢者に冷たい社会です。

「女性は子どもを産む機械だ」「子どもをつくらない女性の面倒を税金でみなければいけないのはおかしい」というような発言をした政治家がいますが、女性蔑視だということで、彼らの発言は連日メディアに取り上げられ、激しく非難されました。

しかし、お年寄りに対する発言がどんなに差別的なものであっても、いまそれを取り上げるメディアはほとんどありませんし、大声で異を唱える人もいないのです。

海外に目を向けると、アメリカでは年齢差別禁止法によって高齢者の人権が守られていますし、中国でも、逆にそれが問題だという人もいますが、長老の発言力はとても強いものとなっています。お隣の国、韓国はというと、韓国は儒教国家ですから、自分より相手が一つでも年長であれば敬うという精神が国民の生活や文化のなかに、いまなお根づいています。年長者を最大の師とするお国柄ですから、お年寄りは当然大切にされています（これらが少しずつ変わってきているという話も聞きましたが、まだ日本よりはましです）。

かつては日本もお年寄りを敬う文化がありました。しかし、残念ながら、いまではそういう気持ちが希薄になっていますし、そうした文化を再び取り戻すことは容易なことではないように感じます。

それでは、不当な差別に対して、高齢者はそれを無抵抗に受け入れるしかないのかと言えば、その解消の糸口として私が考えるのが、これまでにもお話ししている、お年寄りがお金を使うことです。

資本主義の原理として、企業は消費者の意見を無視するわけにはいきませんから、老人がたくさんお金を使って物を買い、サービスを買うことによって、どんどん自分たちの要求を言って、発言力を増していけばいいのです。

お年寄りがお金を使うということがわかれば、企業はこぞって高齢者向けの製品やサービスを開発するでしょうし、お客様であるお年寄りに商品を買ってもらわなければならない企業は、テレビ局に圧力をかけて、高齢者の立場を悪くするような報道をやめさせることだってできるわけです。

すぐに老人差別社会がなくなるわけではありませんが、お金を使うことが、その解消のための第一歩であり、そのためにも第三章で述べたような相続税一〇〇パーセントの政策などかなりドラスティックな施策が必要だと考えます。

被差別「老人」にならないために

被差別老人にならないためには、まず、最初にも述べたように、健康でいることが大切です。弱ってくれば、どのような不当な扱いを受けても、抵抗することができなくなってしまいます。

自分がいくらこうしたい、と思っても、介護してくれている親族が反対したら、思うようにはならないことも出てきます。体が弱ると、これまで対等だった関係も、下になってしまうことも出てくるのです。

また、お金の面で言えば、今後も現在のように相続という制度が続くのであれば、日本もイギリスのように遺言絶対制にするべきだと思います。日本の場合、法律で定められた親族が権利放棄しないかぎり、相続財産のある程度の割合が自動的に相続できることになっています。これでは、親を放り出して面倒をみなかった子も、ちゃんと面倒をみた子も自動的に相続できることになります。最近の判例では、ほとんど親の顔を見たことのない婚外子も同等の権利が与えられるようになりました。

しかし、相続される高齢者の意思がある程度反映されるような制度に変えることができれば、子も親を邪険に扱えなくなるでしょう。財産をいくらか相続したいと考えれば、高齢者の話を聞くはずですし、高齢者への待遇もよくなるはずです。

正しい情報に触れ、常に新しい知識として持っておくことも大事でしょう。その際、テレビはあてにはできません。テレビはスポンサーや政府などの影響を大きく受けており、公平な情報はほとんどありません。ましてや高齢者は視聴対象者としてテレビ制作側からみなされていませんので、高齢者視点の、高齢者のための公正な情報などはほとんど期待できません。それはテレビをつければ、いくつもチャンネルがあるのに、どの局も若者向けの番組ばかり常に放送していることで明らかです。

これもひどい高齢者差別だと思うのですが、年齢別の視聴率でも五〇歳以上は十把一絡げにされていますし、高齢者世帯は視聴率調査の機械を入れることがないという話を聞いたことがあります。高齢者のほうがテレビを見るのに、それが視聴率にカウントされないから、高齢者向けの番組がつくられないのです。年齢別の人口比で、視聴率調査の機械が配分されれば、テレビ局も考え方を変えるのでしょうが。

これからは高齢者も、パソコンを使い、インターネットから情報を得るべきでしょう。ネットの世界はスポンサーの意向に合わせるより（もちろん、これで利益を得ている詐欺のようなサイトもありますが）、アクセス数によって儲けが決まるという部分がありますので、高齢者にとっても有益な情報がこれから期待できます。

今後、いまの五〇代の人たちが高齢者となる二〇年後は、ほとんどの人がパソコンを使えるはずですから、これまでとまったく違った世の中になるはずです。

脳を老化させない秘訣

年を取って衰える能力に、意欲、判断力、感情のコントロールなど前頭葉の機能があることは第二章でお話ししましたが、前頭葉を若々しく保つためには、ルーティーンワークをやめることです。

たとえば、いくら複雑な経理の仕事をしていても、それだけなら頭頂葉しか使っていませんし、いくら難解な本を読んでいても、そればかりしていれば側頭葉しか使っていないのです。

前頭葉というのは、想定外のことに対応する部位なので、なるべくこれまでと違うことをやってみることが活性化のためには有効です。

女性なら、普段つくっていない料理に挑戦してみるとか、普段買わないものを買ってみる、あるいは、普段とは違う着こなしをしてみるのもよいでしょう。

高齢者のなかには、池上彰さんの番組が好きな人も多いと思います。なんとなく聞いたことはあるけれども、詳しくは知らないような事柄をわかりやすく説明してくれるのを聞いて、「ああ、そうだったのか」と納得して喜ぶわけですが、脳の活性化という意味で言えば、そんなことをしていたら脳は老化するだけです。もっと、意外性のある刺激を与え、独創的な思考をすることが脳の、とくに意欲を司る前頭葉の老化防止には必要です。

日本人は、物知りが賢いというふうに思っていますが、海外ではそうではありません。

教育には、初等中等教育と高等教育の二つの課程があり、初等中等教育とは高校までの教育で、高等教育というのは大学、大学院の教育を指すというのは、日本も海外も同じですが、教育内容においては日本と海外では大きな違いがあります。

海外では、初等中等教育できちんと詰め込み教育をしたのち、高等教育で、その知識を活用したり、知識を疑う教育を行うのが一般的です。

したがって、海外で教育を受けた場合、同じ池上さんの番組を見ても、初等中等教育しか受けていない人であれば、「池上さんは賢いな。そうだったのか」で終わりますが、高等教育を受けた人なら、「池上さんはそう言っているけれど、それはデータに基づく主張じゃない」と反論してみたり、「池上さんが言っていること以外に、こういうことも考えられる」と他の可能性を考えたり、「それは一見もっともだけど、こういう観点からすると間違っているんじゃないか」などと疑ってみたりするのです。

ところが、日本では大学に入ってからも詰め込み教育をやるので、知識が多いほど賢いと思われているわけです。だから学歴が低くても物知りの人や、クイズ番組に強いことで知識が豊富なことを誇ってもそれを応用して面白い漫才ができないような高学歴の芸人が、テレビでは賢い人の扱いを受けるし、一般もそれに納得するのです。

視点を変えて物事を見ることによって、さまざまな思考パターンを養うというのが高等教育の目的であるので、海外では、知識だけをひけらかす人は教育レベルが低いと思われるのですが、日本の教育システムではそのような訓練がまったく行われていないのです。

ですから、もともと前頭葉を使わないような暮らしをしてきた人が高学歴の人でも多いのですが、年を取れば、それによって前頭葉の機能低下（廃用）が起こってしまいます。だから、年を取れば取るほど多様な考えに触れて、そういうふうに言われているけどこんな考え方もあるぞ、あんな考え方もあるぞと常識を疑い、いろいろな可能性を言えるほうが脳の刺激にもいいのですが、日本人はそのような思考をすることが苦手のように感じます。

知識を詰め込むだけでは、前頭葉を使うことにはなりません。知識を応用して、人と違うことを考えることで前頭葉を使うことになるのです。残念ながら日本はまだまだ文化が成熟していないので、人の言わないことを言う人間が少なすぎるのです。

人と違うことを考えてみたり、他の可能性を探ってみる、あるいは想定外の経験をしてみるということは、脳の老化防止にとても大切なことなのです。

金を使うかぎり現役という意識改革

職を退いた途端、元気がなくなったり、うつ病になったりする高齢者がいます。社会とのつながりがなくなり、自分はもう世の中の役に立っていない、存在価値がなくなったと感じてしまうのでしょうか。

一般的に現役という言葉を使う場合、働き続けることを意味する言葉として使うことが多いようですが、私はお金を使い続けるかぎり現役だと思っています。つまり、「現役の消費者」ということです。高齢者のなかには、年を取ってもなお老後の生活が不安だからという理由で節約をしたり、貯蓄をしたりする人がいますが、極端な話、生活保護を受給していても特養には入れるので、宵越しの銭は持たないくらいの気持ちでお金を使えばいいと思うのです。

それこそ寝たきりになれば、お金を使いたくても使い道が限られてしまいますから、それ以降の老後にかかるお金は読めるようになりますし、介護保険や医療保険からかなりの部分が支給されるので、貯金も実はそんなに必要がないし、貯金を使い切ったら、生活保護を受ければいいのです。寝たきりになってからであれば、中流の上くらいの人と、生活保護の人の生活は、そんなに違いがないのですから。

そういう事情で、私はお金は元気なうちに使い切らなければ損だと思っています。それに、高齢者を数多く見てきた経験から、自信を持って言えますが、そもそもお金を使っている人のほうが、寝たきりになる時期が遅いのはたしかです。お金を使わずじっと家に閉じこもって、ケチケチとこぢんまりした生活をしているほうが、よほど早くに寝たきりになってしまいます。

好き放題お金を使って、行きたいところに出向いて行ったり、おいしいものを食べたり、気の置けない仲間とカラオケなどに興じていれば、寝たきりや要介護の予防にもなります。

ですから、高齢者には、働くことが現役ではなく、お金を使うかぎり現役だという意識を持ってほしいと思います。

前述したように、資本主義社会とは、お金を使う人間がいちばん偉いのです。いまの高齢者をないがしろにする社会は、ある意味、「高齢者がお金を使わない」ということが招いている現実でもあるのです。お金を使って社会的な存在感が増してくれば、企業や行政も含め、社会の対応が変わってくるはずです。

高齢者を軽々しく扱ったり、無視したら、企業経営も行政も成り立たないとなれば、高齢者の意見が否応なく反映される社会になっていくはずです。

そうなれば高齢者も、言いたいことをどんどん言うべきです。

たとえば、高齢者から運転免許証を取りあげようという動きになったときに、免許証を自主返納して世論に従ったり、肩身の狭い思いをしながら運転を続けるのではなく、「なんでもっと早く自動運転の車を開発しないんだ」とか、「自動ブレーキを全車に搭載しろ」という声を、高齢者の側から上げてもいいと私は思います。

高齢者自身の発言力を強めるには、高齢者が強力な消費者となることが近道だと私は考えます。

現代の民主主義に潜む真理を知る

　なぜ、現代の日本では、人口の二七パーセントも老人がいるのに、選挙を通じて彼らの意見が反映され、高齢者を利するような政策が実行されないのでしょうか。現実には、年金も医療費も近年、高齢者には不利になる方向で改定が進んでいます。介護保険などはろくな審議も経ないで自民党が強硬的に自己負担額の大幅値上げを決めてしまいました。

　これは民主主義というものの実態を理解しないとわからないことです。どこの国でも、お金持ちと庶民を比較すれば、庶民の数のほうが圧倒的に多いものです。

　民主主義下にあっては、お金持ちにとっていちばん恐ろしいのが、選挙権が一人一票だということです。もしかりに庶民が団結して、庶民のための政治をしてくれる政党に票を投じれば、お金持ちは数で負けてしまうはずです。

そうなれば、金持ちへの増税が行われたり、極端なことを言えば、金持ちの全財産を没収するという法律だってつくられてしまう可能性があります。そのため、少数派である金持ちが権力を維持するためには、多数派である庶民をだますロジックが必要となるのです。そしてそのロジックを、スポンサーがないとやっていけない大新聞やテレビ局を使って、庶民にずっと訴え続けるということになります。金持ちに増税すると金持ちが海外に逃げていくとか、これまで景気のよかったアメリカの法人税は日本より高く（トランプは下げると言っていますが）、消費税が一〇パーセントを超える州がないのに、消費税が二〇パーセント以上、法人税をもっと下げるのが国際標準だという嘘を流し続けるのがその一例です。

経済理論の一つに、「トリクルダウン理論」というものがあります。

「富裕層が富めば、それが次第に貧しい者にも浸透（トリクルダウン）する」との考えに基づく理論ですが、この考えには裏づけがなく、「富裕層の富を増やすだけだ」と批判する経済学者もいます。

しかしいま、安倍政権がアベノミクスの名のもとに行っているのは、富裕層や大企業を優遇する税制改正や従業員のクビを勝手に切れるようにするような規制緩和ですから、まさにこうした経済政策なのです。

政府がこのような方便を使ってまで、大企業や資本家を優遇するのは、そうした企業優遇政策によって、自分たちへの見返りを期待している以上に、株価が上がるからです。株価が上がれば、政府の経済政策もうまくいった、とメディアで喧伝され、一般の国民もこれを鵜呑みにし、政権への支持率が上がります。

しかしこれが、だましのロジックです。単に株価が上がっただけなのに、庶民にまでその恩恵が回ってきて景気がよくなった、あるいはこれからよくなるといった錯覚を植えつけるものです。日本の場合は、アメリカと違って株価が上がれば年金が増えるとか、医療保険の負担額が減るとかいう恩恵がほとんどないし、経済政策の成否というのはどこの国でも失業率（日本では下がっているように見えますが、非正規雇用が増えただけです）やＧＤＰの伸びで判断されるのに、日本だけは株価を重視します。実際、日本もバブル前の高度成長期はニュースで株価を報じることはめったにありませんでした。しかしいまでは、株価が上がればメディアが大々的に報じ、これによって庶民は、自身の利益とは反する金持ち優遇政策であっても、「景気がよくなるのだからいいことだ」と、その政策を支持してしまうのです。

一握りの強者、金持ちが庶民をだますロジックには、スケープゴートをつくるという手もよく使われます。

たとえばお金持ちの脱税はたいして叩かれないのに、生活困窮者が生活保護費をごまかせば、ここぞとばかりにメディアで煽って叩きます。

二〇一五年に、タックスヘイブンによる企業や資産家の税金逃れが問題になりましたが、日本からケイマン諸島へ流入した金額は、およそ六三兆円と言われています。これにちゃんと課税すればその半額以上は国に入るはずですし、逆に言うと国にそれだけ損をさせたことになります。パナマ文書の内容を精査すれば、こんな金額ではすまないという話もあります。一方、二〇一四年度の生活保護費の総額が約三・八兆円で、うち不正受給が、二〇一三年度のデータによると、およそ一八七億円です。

どちらがより国益に反しているかは、火を見るより明らかです。

また、不景気になって民間企業の給料が引き下げられると、公務員に非難の目が向けられます。

「国民の税金で給料を払ってもらっているのに、もらい過ぎている」と言って、公務員叩きが始まるわけですが、税金ということで言えば、公共工事も税金によって行われます。したがって、その請負業者に支払われる工事費用も、もとをただせば税金なわけです。地方では、売り上げの一〇〇パーセントが公共事業というような請負会社はたくさんあります。しかし、請負業者の社長がどんなに贅沢な暮らしをしていても、文句を言う人はいません。

公明正大を謳うマスメディアも、スポンサーである企業や資本家の意向をうかがうので、お金持ちに都合のいい情報を流し、逆に、都合の悪い情報はわざわざ公表しないのです。

このように、強者が弱者をだますシステムによって、数の論理でなく、力の論理で機能しているのが現在の民主主義です。そして、強者の不正や失言が続くと、今度は北朝鮮の危機を煽って（いちばん近い韓国に住む人や韓国に住むアメリカ人が動じないのに、日本ではミサイルが発射されたらという警告のＣＭが政府の金を使ってテレビで流されます。これでは煽っていると言われても仕方ないでしょう）、すぐにそのような不正追及の報道は終わってしまいます。いまの高齢者を叩くような社会も、さまざまな手を使って、一握りの強者である金持ち（そのなかには高齢者の金持ちももちろんいるのですが）が、高齢者をだましているのです。

そうでなければ、全人口の二七パーセントが老人ですから、数の論理で言えば、高齢者を利するような政策がとられてしかるべきなのです。

強者は常に弱者を食いものにしないと数の論理で負けてしまうという危機感で動いているという、民主主義に潜むこの真理を自覚し、私たち庶民は、自衛をしていかなければならないのです。

詩想社新書

詩想社新書発刊に際して

詩想社は平成二十六年二月、「共感」を経営理念に据え創業しました。なぜ人は生きるのかを考えるとき、その答えは千差万別ですが、私たちはその問いに対し、「たった一人の人間が、別の誰かと共感するためである」と考えています。

人は一人であるからこそ、実は一人ではない。そこに深い共感が生まれる――これは、作家・国木田独歩の作品に通底する主題であり、作者の信条でもあります。

私たちも、そのような根源的な部分から発せられる深い共感を求めて出版活動をしてまいります。独歩の短編作品題名から、小社社名を詩想社としたのもそのような思いからです。

くしくもこの時代に生まれ、ともに生きる人々の共感を形づくっていくことを目指して、詩想社新書をここに創刊します。

平成二十六年

詩想社

和田秀樹（わだ　ひでき）

1960年大阪府生まれ。東京大学医学部卒、精神科医。和田秀樹こころと体のクリニック院長、緑鐵受験指導ゼミナール代表。国際医療福祉大学大学院教授。高齢者専門の精神科医として、長年、高齢者医療の現場に携わってきた。『感情的にならない本』（新講社）はベストセラー。社会評論にも定評があり、『テレビの大罪』（新潮新書）、『この国の冷たさの正体』（朝日新書）など著書多数。映画監督としても活躍している。

詩想社
— 新書 —

18

「高齢者差別」この愚かな社会

2017年7月28日　第1刷発行

著　者　和田秀樹
発行人　金田一一美
発行所　株式会社 詩想社
〒151-0073　東京都渋谷区笹塚1—57—5 松吉ビル302
TEL.03-3299-7820　FAX.03-3299-7825
E-mail info@shisosha.com

DTP　株式会社 キャップス
印刷所　株式会社 恵友社
製本所　株式会社 川島製本所

ISBN978-4-908170-01-0

詩想社新書

10
資本主義の終焉、その先の世界
榊原英資
水野和夫

大反響4刷！「より速く、より遠くに、より合理的に」が限界を迎えた私たちの社会。先進国の大半で利子率革命が進展し、終局を迎えた資本主義の先を、反リフレ派の二人が読み解く。

本体920円＋税

12
誰がこの国を動かしているのか
鳩山友紀夫
白井　聡
木村　朗

元・総理が、この国のタブーをここまで明かした！　総理でさえままならない「対米従属」というこの国の根深い構造とともに、鳩山政権崩壊の真相を暴き、「戦後レジーム」からの真の脱却、真の独立を説く。

本体920円＋税

13
原発と日本の核武装
武田邦彦

なぜ、日本は原発をやめないのか？　原子力研究者から脱原発へと転じた著者が、原発推進派、反対派それぞれの主張を科学的に検証、あわせて日本の核武装の可能性まで分析、原子力事業のタブーを明かす！

本体920円＋税

16
「国富」喪失
植草一秀

国民年金資金や個人金融資産など、日本人が蓄えてきた富がいま流出していっている。ハゲタカ外資の日本浸出の実態を明かし、それに手を貸す政治家、財界人、メディア、官僚の売国行為に警鐘を鳴らす。

本体920円＋税